INHALT

Außerdem sind in der Reihe *Traumladen – Eine Kinderbibliothek*
folgende Pakete erhältlich:

Traumladen

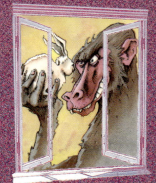

Lesestufe 3/4
Paket 1

Cornelsen

Best.-Nr. 13740

ISBN 3-464-01374-X

9 783464 013748

Gudrun Schulz
Umgang mit Gedichten

LEHRER-BÜCHEREI
GRUNDSCHULE

Herausgeber

Gabriele Cwik war Rektorin an einer Grundschule und pädagogische Mitarbeiterin im Ministerium für Schule und Weiterbildung des Landes Nordrhein-Westfalen. Sie ist Schulrätin in der Schulaufsicht der Stadt Essen und zuständig für Grundschulen.

Dr. Klaus Metzger ist Regierungsschulrat, zuständig für alle fachlichen Fragen der Grundschule und die zweite Phase der Lehrerausbildung für Grund- und Hauptschulen im Regierungsbezirk Schwaben/Bayern.

Die Autorin
Gudrun Schulz, Prof. Dr. habil., war zunächst Lehrerin und dann an der Akademie der Pädagogischen Wissenschaften der DDR tätig. Sie lehrte Deutsche Sprache und Literatur und ihre Didaktik an der Universität Vechta.

Gudrun Schulz

Umgang mit Gedichten

**Anbindung an die Bildungsstandards
Beispiele zu vielen Themen
Für die Klassen 1 bis 4**

6., erweiterte Auflage

SCRIPTOR

Für Rudi und Sven-Dirk

www.cornelsen.de

Bibliografische Information: Die Deutsche Bibliothek verzeichnet diese Publikation in
der Deutschen Nationalbibliografie; detaillierte bibliografische Daten sind im Internet über
http://dnb.ddb.de abrufbar.

Dieses Werk folgt den Regeln der deutschen Rechtschreibung, die seit August 2006 gelten.

| 10. | 9. | 8. | 7. | 6. | Die letzten Ziffern bezeichnen |
| 13 | 12 | 11 | 10 | 09 | Zahl und Jahr der Auflage. |

Redaktion: Gabriele Teubner-Nicolai, Berlin
Herstellung: Brigitte Bredow, Berlin
Umschlaggestaltung: Claudia Adam, Darmstadt
Umschlagfoto: Klaus G. Kohn, Braunschweig
Satz: FROMM MediaDesign, Selters/Ts.
Druck und Bindung: fgb · freiburger graphische betriebe
Printed in Germany
ISBN 978-3-589-5145-8

Gedruckt auf säurefreiem Papier,
umweltschonend hergestellt aus chlorfrei gebleichten Faserstoffen.

Inhalt

1 Lyrik für Kinder von Goethe bis Guggenmos

Grundschulkinder brauchen Gedichte

Gedichte „sind nicht rezeptpflichtig. Wer sollte die Rezepte auch verschreiben? Ich, du oder Müllers Kuh? Nein, Gedichte sind vogelfrei.
Doch schulpflichtig sind sie auch. Daran verderben sich viele den Magen, oft lebenslänglich … Schade drum. Das gilt besonders fürs Kindergedicht."

(GELBERG 1986, S.2)

Wenn Kinder sich Gedichte wünschen dürften, um sie näher kennenzulernen, dann sollten diese
- lustig und witzig,
- manchmal irgendwie so hin und her,
- auch traurig und nicht zu lang sein.

Sie sollen „von Sachen, die es gar nicht gibt, von Lieblingstieren und -pflanzen erzählen und nicht von Brutalitäten und anderen schlimmen Sachen berichten".

Kinder wollen Gedichte, „die nicht so viele fremde Wörter haben, weil sie sich dann so schwer auswendig lernen lassen".

Kinder können auf Anhieb Gedichte vortragen, die sie nicht in der Schule lernen, und sich dabei königlich amüsieren: über sich, über uns, über das Gereimte. Kinder erkennen Gedichte am Reim, am Rhythmus, am Klang. Sie bemerken das Andere, das Fremde, das Ungewöhnliche eines Gedichts und versuchen es so zu erklären: „Das ist Fantasie" (Sabina) oder „Man denkt sich etwas aus" (Klaus) und „In Gedichten sagt man das so" (Silke). (SCHULZ, 1996, S.155)

Kinder erleben, dass Verse, Reime[1], Sprüche im Alltag nützlich sein können. Sie spüren, dass Gedichte „Ichworte und Duworte" haben, dass,

---

1 Vers und Reim werden einerseits alltagssprachlich genutzt im Sinne von „Abzählvers" und „Kinderreim". Andererseits werden die Begriffe in den Interpretationen in ihrer spezifisch lyrischen Prägung verwendet.

wer sich mit einem Gedicht befasst, sich mit sich selbst befasst (vgl. KUNERT, 1993, S.49). Gedichte können eine geheime Botschaft für sie haben:

> Gedichte sind Briefe
> verschlossen
> an dich
> doch wenn du sie liest
> öffnen sie sich
> (PETRI in: JuLit 1993, S.5)

Und:

> Gedichte sind gemalte Fensterscheiben!
> Schaut man in den Raum hinein,
> Da ist's auf einmal farbig helle …
> (GOETHE 1976, S.599)

Und:

> Schläft ein Lied in allen Dingen
> Die da träumen fort und fort,
> Und die Welt hebt an zu singen,
> Triffst du nur das Zauberwort.
> (VON EICHENDORFF 1982, S.309)

Vielleicht tönt es im ersten Moment noch fremd in den Ohren, aber beim zweiten Hinhören schon nicht mehr? Und beim dritten Mal möchten wir es bereits mitsingen, die Zauberworte nachsprechen.

Und dann gibt es noch Gedichte,

> „die etwa einen Regentag schildern oder ein Tulpenfeld, und sie lesend oder hörend, verfällt man in die Stimmung, welche durch Regentage oder Tulpenfelder hervorgerufen wird … Damit ist man aber ein besserer Mensch geworden, ein genussfähigerer, feiner empfindender Mensch, und dies wird sich wohl irgendwie und irgendwann und irgendwo zeigen.“
>
> (BRECHT 1969, S.34)

ROSE AUSLÄNDER bekennt sich

> zur Poesie
> die das Märchen vom Menschen
> spinnt
> (AUSLÄNDER 1984, S. 271)

Nach ENZENSBERGERS Ansicht haben Gedichte verschiedene Funktionen. Sie können

> „Vorschläge unterbreiten, sie können aufwiegeln, analysieren, schimpfen, dro-
> hen, locken, warnen, schreien, verurteilen, verteidigen, anklagen, schmeicheln,
> fordern, wimmern, auslachen, verhöhnen, preisen, loben, erörtern, jubeln, fra-
> gen, verhören, anordnen, forschen, übertreiben, toben, kichern. Sie können je-
> den Gestus annehmen außer einem einzigen: dem, nichts und niemanden zu
> meinen, Sprache an sich und selig in sich selbst zu sein.“
>
> (1961, S. 134)

So klingen Aussagen von Dichtern über die *subjektivste Form der Dicht-kunst*, über die *Lyrik*.

Offenkundig wird ein Credo, mit dem die Dichter ihre Wirkungsabsich-ten kundtun, auch ihre Hoffnung, dass mittels Poesie, der *Urform der Dichtung*, den Menschen etwas Nützliches zum Sehen, Hören, Fühlen, Denken gegeben werde.

BRECHT und andere schrieben Gedichte direkt für Kinder.

BRECHT bediente sich dabei aller Formen, die er auch für Erwachsene nutzte, von den liedhaften Gedichten (Wiegenlieder), über Nonsensverse im „Alfabet“, der Hymne („Kinderhymne“) bis zur Ballade („Schneider von Ulm“) u. a.

Gedichte von HEINRICH HOFFMANN VON FALLERSLEBEN für Kinder sind Liedern ähnlich und noch so populär, dass uns beim Singen von „Ein Männlein steht im Walde“ der Name des Dichters schon nicht mehr einfällt.

Schauen wir uns nach heutigen Autoren für Kinderlyrik beispielsweise in den Lesebüchern der Klassen 2–4 um, fallen uns die Gedichte von JOSEF GUGGENMOS, ELISABETH BORCHERS, JAMES KRÜSS, SARAH KIRSCH, aber auch Sprachspiele von JÜRGEN SPOHN, FRANZ FÜHMANN, GOTTFRIED HEROLD oder witzige und freche Gedichte von CHRISTINE NÖSTLINGER, FRANTZ WITTKAMP, WALTER PETRI und LUTZ RATHENOW ins Auge.

Selbst Gedichte von GOETHE finden wir, obwohl das „Heidenröslein“ und „Gefunden“ ebenso wie Gedichte von STEVENSON, HALAS, HEINE u. a.

nicht direkt für Kinder geschrieben, sondern vielmehr deren Gedichte von den Kindern adaptiert worden sind.

„Ein Gedicht ist völlig frei" (Goes) – Was aber ist ein Kindergedicht?

Die Frage, was eigentlich zur *Kinderlyrik* gehört, wird in der Literaturwissenschaft unterschiedlich gesehen.

Liest man Brechts Gedichte in einem Band (1981), dann stehen die Gedichte für Kinder neben denen für Erwachsene in den verschiedensten Formen. Maßstab der Überlieferung ist die Qualität des Gedichteten. Hinter seinen Gedichten für Kinder steht die Forderung, die Kinder nicht auszulassen aus den Fragen der Zeit, sie als Partner im Leben ernst zu nehmen. Folgt man dieser Auffassung, dann umfasst das Kindergedicht von den Themen und Stoffen her die Vielfalt der Welt, und es kann in allen Formen auftreten.

Kinderlyrik auf Kinderlied oder Kinderreim zu reduzieren erfasst nur Teile, wenn auch wichtige, des reichen Potenzials an Gedichten für Kinder. (vgl. Wilpert, 1989, S. 448 f.)

In Lexika der Kinderliteratur wird die Definition dahingehend ausgeweitet, dass zur Kinderlyrik *alle für Kinder verfassten und von ihnen adaptierten Gedichte sowie die von Kindern selbst geschriebenen* gehören (vgl. Doderer 1977). Auch hier wird betont, dass sich die Lyrik für Kinder nicht prinzipiell von der für Erwachsene unterscheide, wenngleich auf die häufige Verwendung von Formen der Volkspoesie (Volkslied, Ballade, Wiegenlied) verwiesen wird.

Auffällig ist dabei, dass die von Kindern verfassten Gedichte mit zur Kinderlyrik gezählt werden, was bei der Lyrik für Erwachsene nicht gesondert erwähnt wird.

Kindergedichte sind „keine Verkleinerungsform von Lyrik an sich, nicht im Sinne von ,nur' ein Kindergedicht! Denn das Kindergedicht spielt in seiner eigenen Weise mit der Sprache ..." (Gelberg 1993, S. 51).

Will man das gesamte Spektrum der Begegnung zwischen Kind und Gedicht fassen, dann gehören auch jene Gedichte dazu, die von Kindern in Form *mündlich überlieferter Volks- und Kinderreime* im „Untergrund", zumeist unabhängig von den Erwachsenen, weitergegeben und vor allem im alltäglichen Leben benutzt werden.

Wie immer man diese lyrischen Formen einordnen oder ob man sie als lyrische Formen anerkennen will oder nicht, sie sind bis in die Gegenwart höchst lebendig:

- als Abzählvers:
  Eene, meene miste, es rappelt in der Kiste …
  Eene meene mopel, wer frisst Popel …,
- als Nonsens:
  Wir ham zu Haus 'nen Ziegenbock
  …
  Der ist so mager wie ein Stock
  …
- als Drohvers oder als Peergroup-Verse:
  Schlaf, Kindlein schlaf
  Deine Mutter ist ein Schaf
  Dein Vater ist ein Trampeltier
  Was kannst du armes Kind dafür
  Schlaf, Kindlein schlaf.
  (RÜHMKORF, zit. nach FISCHER 1996, S. 38)

Sie widerstehen den Zeitläuften, weil sie, mündlich weitergegeben, den sich verändernden Verhältnissen angepasst werden können. Sie verweisen auf die Nützlichkeit von Reim und Rhythmus im Spiel, vom Erproben der Sprache für die Entwicklung der Kinder. Indem die Kinder „Reime und Lieder gestalten und kommunikativ einsetzen, handeln sie durch Sprechen, Singen und Darstellen … Sie verhalten sich lyrisch und dramatisch. Sprache, Bewegung und Musik verbinden sie zu einer Einheit. Sie erzeugen sprachlich-lyrische, musikalisch-tänzerische und körperlich-darstellerische Handlungen" (FISCHER, 1996, S. 82). Die Kinder machen deutlich, dass kreativer Umgang mit dieser volkspoetischen Form auf divergierendes Denken aus ist. Mittels dieser Formen wehren sie sich gegen allzu Genormtes, gegen die Einengung in der Erziehung, gegen Tabuisierung von Themen in für sie notwendigen ganzheitlichen Erfahrungen.

Würden wir diesen ursprünglichen Formen des Umgangs mit Lyrik folgen, wären wir bei einem vom Kind ausgehenden handlungsorientierten Deutschunterricht.

MORGENSTERN, RINGELNATZ, BRECHT, KRÜSS, FÜHMANN, GROSZ, PETRI, SPOHN und andere wussten um den Reiz von Spott- und Spaßgedichten, von Nonsensversen und Limericks für Kinder und haben sich dieser Formen bedient. Dahinter aber, und das machen auch die aus dem „kollektiven Gedächtnis" stammenden, von den Kindern erinnerten und im Spiel genutzten Verse deutlich, verbirgt sich mitunter der bittere Ernst des Lebens. Nur ist er so besser zu bewältigen, wenn es bei MORGENSTERN heißt:

Der Schnupfen
Ein Schnupfen hockt auf der Terrasse,
auf dass er sich ein Opfer fasse,

und stürzt alsbald mit großem Grimm
auf einen Menschen namens Schrimm.

Paul Schrimm erwidert prompt: Pitschü!
und hat ihn drauf bis Montag früh.
(MORGENSTERN 1975, S. 364)

Tröstlich für den Alltag der Kinder sind manche Verse aus BRECHTS Alfabet, wie diese:

Mariechen auf der Mauer stund
Sie hatte Angst vor einem Hund.
Der Hund hatte Angst vor der Marie
Weil sie immer so laut schrie.

oder:

Pfingsten
Sind die Geschenke am geringsten.
Während Geburtstag, Ostern und Weihnachten
Etwas einbrachten.
(BRECHT 1981, S. 511 ff., Hervorhebungen G. Sch.)

Die genannten Dichter von GOETHE bis zu GUGGENMOS umfassen mehr als 200 Jahre Dichtung. Aber Lyrik – auch die für Kinder – ist viel älter. Ihre Anfänge liegen im Dunkeln wie die der Märchen.

Ein dafür gültiges Dokument ist die in der Zeit der Romantik von ACHIM VON ARNIM und CLEMENS VON BRENTANO zusammengetragene Sammlung „Des Knaben Wunderhorn". Hier finden sich Verse, Reime, Sprüche und Kindergedichte, die mündlich weitergegeben wurden und von denen manche heute noch so aktuell sind, wie der folgende Vers:

Schlaf Kindlein schlaf,
Der Vater hüt die Schaf,
Die Mutter schüttelt's Bäumelein,
Da fällt herab ein Träumelein.
Schlaf, Kindlein, schlaf!
(Des Knaben Wunderhorn 1966, S. 263)

Lyrik kommt von dem griechischen Wort „lyrikos", was so viel wie zum Spiel der Lyra gehörend bedeutet. Die Lyra ist ein Saiteninstrument der griechischen Antike.
　　Diese ursprüngliche Verbindung der Gedichte mit der Musik ist auch bei jüngeren Kindern zu beobachten. Manches Spiel wird mit Abzählreimen eröffnet, der Rhythmus dabei oft in einem Singsang skandiert, ein mitzeigender Finger in Gang gesetzt:

Eene meene mu	Raus bist du noch lange nicht
Raus bist du	Sag mir erst, wie alt du bist …

Der Schlusspunkt wird pointiert gesetzt: Das eigentliche Spiel beginnt. Alte und neue Reigenlieder, wie

Teddybär, Teddybär, dreh dich rum	… fang 'ne Maus.
… mach dich krumm	… Scher dich raus!
… bau ein Haus	(FISCHER 1996, S. 214 f.)

werden mitunter „pausenlos" gesungen und gespielt. Der Reiz liegt in der Inszenierung, die immer wieder neu ist, weil die Rollen der Agierenden wechseln. Rhythmisches und Gestisches werden körperlich erfahren, was den Genuss an der Sache steigert.
　　Die Begegnung der Kinder mit Lyrik erfolgt früh, lange, bevor sie zur Schule gehen und für die Kinder eher unbewusst. Kniereiterverse (Hoppe, hoppe Reiter …), Verse für Fingerübungen (Das ist der Daumen, der schüttelt die Pflaumen …) und Sprüche (Backe, backe, Kuchen …) zum Spielen sind Momente der Kommunikation zwischen Kind und Eltern oder anderen Personen. Kinder-, Schlaf- und Wiegenlieder dienen der Beruhigung oder werden zum Einschlafen gesungen. Gemeinsam ist ihnen „ihr enger Bezug zur Leiblichkeit und ihr gestischer Charakter … Die Fingerspiele machen aus den Händen eine erste Bühne, aus den Fingern Akteure." (MATTENKLOTT 1993, S. 9)
　　Die frühen Erfahrungen mit verschiedenen lyrischen Formen sind für das Kind mit sinnlichem Erleben, mit Freude, Lust, Spaß, Bewegung, Kraft, auch mit Traurigkeit und Angst, mit der Entdeckung von unterschiedlichen Gefühlen und von Welt verbunden, die jene Leichtigkeit des Beginnens hat, die Brecht für die Erziehung als günstig ansah und die nach seiner Meinung für jegliche Arbeit erlernbar sei (vgl. BRECHT 1965, S. 217).

2 Gedichte sind Lebens-Mittel

Gedichte wollen und sollen „Leben wecken und leben helfen" (HESSE)

JOSEF GUGGENMOOS
Bruder Ahorn
Ich lege mein Ohr
an den Ahorn, fast hör ich
es schlagen, sein Herz.
(GUGGENMOS in: Gelberg 1989, S. 153)

Ein solches Gedicht zu schreiben ist keine Kleinigkeit. Dass es für Kinder geschrieben wurde, verkleinert die Aufgabe nicht. In diesem Gedicht wird „unendlich viel" gesagt und „wohlgestalt" gesagt (HACKS 1983, S. 111): Ein lyrisches Ich spricht über seine Beziehung zu den Bäumen, hier zum Bruder Ahorn. Die *lyrische Instanz des Schauens und Betrachtens* hat ein enges Verhältnis zur Natur. Sie hört das Herz des Baumes schlagen, wobei man auch denken könnte, es sei das Herz des Betrachters, das er in der Stille des Baumes hört. Die Frage, wie und ob man das Herz eines Baumes hören kann, bleibt für den Leser/Hörer des Gedichts offen. Es gelingt GUGGENMOS, obwohl kaum Raum in diesem dreizeiligen reimlosen Haiku-Gedicht ist, bestehend aus nur 17 Silben, verteilt in drei Zeilen (5–7–5), Wichtiges zu sagen.

Die Begegnung des Autors mit dem Ahornbaum, die ihn in der Seele berührt zu haben scheint, *wird mittels Sprache vom Einzelfall ins Allgemeingültige, ins Symbolische erhoben* (vgl. WILPERT 1989, S. 540). So wird das Gedicht dicht, verdichtet. GUGGENMOS nutzt für diesen Vorgang eine besondere Gedichtform, die im Japanischen verbreitete Form eines *Haiku*.

Beim Lesen des Haiku werden die Leser/Hörer angeregt, ihre Vorstellungen von dem Ahornbaum, vom Bruder Ahorn, von Bäumen, die sie mögen, in das Gedicht einzubringen. Kinder lernen rasch, zwischen den Zeilen zu lesen und die Zwischenräume zu füllen. Sie nähern sich unbefangen den Metaphern, den Symbolen in einem Gedicht und deuten sie für sich um, indem sie Bilder von Bäumen/einem Baum vor ihrem inneren Auge sehen, sich an das Rauschen der Bäume, an den Gesang der Vögel, an die Farbe der Blätter oder des Stammes erinnern und daran, wie sich die Rinde eines Baumes anfühlt. So sind sie mitten im Gedicht und erfassen es mit verschiedenen Sinnen. (Vgl. S. 111)

Gedichte haben verschiedene Gesichter

Gedichte – heute meist schriftlich vorliegend – erkennt man mit den Augen sofort an ihrer besonderen Gestalt, an ihrer Aufteilung in Strophen und an ihrer relativen Kürze. Wenn das Kind sie liest, sieht es das *Schriftbild* und findet die im Gedicht verborgenen Bilder, die aus der eigenen Bildwelt gespeist werden, aber auch neue Bilder entstehen lassen.

Gedichte sollte man sprechen und sich und anderen dabei zuhören. Gedichte leben auch von ihrem *Klangbild*, von der Verwendung der Vokale, von der Stellung der Wörter im Satz, vom Reim oder auch vom Nichtgereimten, vom Versmaß, das der Rhythmus trägt. (Versmaß oder Metrum, das metrische Gesetz des Versaufbaus als Gliederung der Sprache durch Akzent oder Quantität. Das Versmaß ist Inbegriff der rhythmischen Eigenart eines einzelnen Gedichts oder einer Versform. Es ist ein abstraktes metrisches Schema, das in seiner Form festliegt und für verschiedene Versdichtungen benutzt werden kann (vgl. WILPERT 1989, S. 573).

Für die Feststellung des Versmaßes genügt in den meisten Fällen die einfache Unterscheidung von Hebung und Senkung. Da die Form nie ohne den Inhalt denkbar ist, entdeckt man die Elemente des Versmaßes am ehesten durch einen sinngemäßen Vortrag (vgl. ARNDT 1975, S. 61 ff.).

Wenn Kinder das Gedicht vom „Bruder Ahorn" sprechen, hören sie, wie es klingt oder zum Klingen gebracht werden kann. Sie entdecken, wie kunstvoll es GUGGENMOS gestaltet hat, indem er verschiedene Vokale wechselvoll einsetzt: Das „U" in Bruder neben dem „A" in Ahorn und dem „O" in Ohr. Das „E" in Herz schlägt kurz und schnell. Beim sinnvollen Sprechen findet man den Rhythmus des Gedichts heraus, seine „harmonische Gliederung eines lebendigen Bewegungsablaufs" (WILPERT 1989, S. 776). Der Rhythmus ist ein Urbedürfnis des ordnenden Menschen und Grundlage der meisten natürlichen Lebensvorgänge (vgl. WILPERT 1989, S. 776). Auf ihm basieren Tanz, Musik und moderne Kunstgestaltung, auch Film und Video.

Der Rhythmus kommt dem kindlichen Lebensgefühl, das sich in Bewegung beim Spiel, beim Singen, beim Sprechen ausdrückt, entgegen. Hier liegen im Wesen der Sache und im kindlichen Wesen die Ansätze einer didaktischen Gestaltung der Begegnung mit Gedichten.

Gedichte lassen sich darstellen, denn sie beinhalten einen *Vorgang* oder eine Handlung mit doppeltem Boden. Er darf ausgefüllt werden mittels Mimik, Gestik und sprachsprecherischer Gestaltung (etwas als Geheimnis leise, flüsternd oder als Deklaration laut, empört sprechen, das Gedicht damit verfremden).

Gedichte kann man tänzerisch und pantomimisch in Szene setzen. Man kann zeigen, wie man den Ahornbaum entdeckt, ihn betrachtet, das Ohr an den Baum legt, sein Herz hört usw. Denn etwas im Gedicht „ist Tanz, vieles in ihm ist Spiel …" (GOES 1952, S. 40). Beides lebt auch vom *Gestus*. BRECHT, der diesen Terminus verstärkt in die Lyrik einbrachte, entwickelte eine ganz bestimmte Technik, die er gestisch nannte. Da er seine Hauptarbeit auf dem Theater sah, sollte die Sprache ganz den Gesten der sprechenden Person folgen. Das wollte er auch für die Lyrik übernommen wissen. Wenn man Gedichte aufmerksam liest, dann entdeckt man viele Gesten, die der Sprechende ausführt, vorführt, zeigt. Es ist in dem Haiku von GUGGENMOS eine sehr schöne Geste, wenn der Sprechende das Ohr an den Ahorn legt.

Gedichte sollte man singen, denn sie leben vom *Rhythmus und vom Reim* und sind eng *mit der Musik verbunden.*

Manche Gedichte kennen wir fast nur als Lieder, wie beispielsweise „Frühlingsbotschaft" von FALLERSLEBEN („Kuckuck, Kuckuck, ruft aus dem Wald …"), „Die Lorelei" („Ich weiß nicht, was soll es bedeuten") von HEINE oder „Abendlied" („Der Mond ist aufgegangen …") von CLAUDIUS. Gedichte lassen sich musikalisch mit Instrumenten, rhythmisch klatschend oder klopfend begleiten, zu Gedichten kann man passende Melodien suchen oder sie selbst vertonen.

Gedichte spielerisch-tänzerisch, singend, pantomimisch, sprachsprecherisch und probeweise „ansprechend" sich zu eigen machen, hilft, Anspannungen der Kinder, „körperlich-psychische Verkrampfungen, die die Anpassung an rigide Normen, Konventionen und Rollen hervorbringt", abzubauen. (VAHLE 1993, S. 22)

Gedichte befördern das Lesenlernen der Kinder. Sie sind als Texte relativ kurz und optisch übersichtlich strukturiert in Strophen und Verse. Meist sind sie in Lesebüchern oder in Anthologien besonders liebevoll grafisch aufbereitet. Sie erzeugen dadurch bei schwächeren Lesern weniger Hemmschwellen als ein längerer Text. Der Reim unterstützt die Antizipation und Hypothesebildung im Leseprozess. Das Reimwort kann aus dem Gedächtnis gefunden, es muss nicht immer mühsam erlesen werden. Aber wenn man es hat, kann man das Gedicht besser „lesen". Ein kleiner Schritt in Richtung Lesemotivation.

Kinder und Gedichte sind wesensverwandt

In Diskussionen um Kinder und Gedichte in der Schule taucht immer wieder die Frage auf, ob Kinder das Wesen eines Gedichts überhaupt „verstehen" könnten.

Gedichte einseitig auf „Verstehen" zu reduzieren, heißt, sie auf den Begriff bringen zu wollen. Dagegen sperrt sich jedes Gedicht, und wer die Lyrik so befragt, handelt sich nichts als Ärger ein.

Wie dann sich Gedichten nähern? Gedichte leben von ihrer *Metaphorik*. Metapher oder griech. Metaphora wird im Allgemeinen erklärt als Redewendung, in der statt der eigentlichen Bedeutung eine übertragene gebraucht wird. Wir kennen Metaphern wie „kalt" für gefühllos oder „aalglatt" für wendig in allen Lebenslagen. Die Wissenschaft hat in den letzten Jahren den Definitionsraum der Metapher erweitert. Man spricht von der Metapher als einer „impertinenten Prädikation", also eine solche, die die gewöhnlichen Kriterien der Angemessenheit oder der ‚Pertinenz' in der Anwendung der Prädikate verletzt." (RICŒUR 1986, S.VI). Ihr liegt eine Normverletzung zugrunde, die über das Einzelwort hinausreicht und auf den Kontext verweist. Dabei liegt der Reiz der Metapher darin, dass sie nicht auf den Begriff zu bringen ist, dass sie nicht „erklärt" werden kann. Eine Metapher erklären kann man so schlecht wie die Pointe eines Witzes (KURZ 1988, S. 21), oder wie soll man „erklären", dass man das „Herz" vom Bruder Ahorn schlagen hört?

Die Bedeutungsfülle der Metapher, wie beispielsweise „Bruder Ahorn", verlangt nach Umschreibungen, in denen Analogien, Vergleiche, Ersetzungen verwendet werden. Sie erläutern die Metapher, aber sie sind nicht ihre semantische Basis.

Grundschulkinder können mit Metaphern im Gedicht umgehen.
Selbst in einem Alter, das im Spiel allen möglichen Gegenständen Bedeutungen zuerkennt – ein Holzstück kann Flugzeug oder Puppe sein und im nächsten Moment wieder als ein Stück Holz akzeptiert werden –, nähert sich das Kind unbefangen den Metaphern im Gedicht.

Die Versinnlichung und insbesondere die Visualisierung von Erscheinungen, auch von abstrakten Sachverhalten durch Metaphern sind es, die es den Kindern wie uns erleichtern, sich in der Welt zurechtzufinden. Bilder, selbst wenn diese Bilder zweiter Ordnung sind, die durch sprachliche Zeichen als Vorstellungsbilder in uns wachgerufen werden, scheinen auf den Menschen einen unwiderstehlichen Reiz auszuüben, „weil sie von einer Autarkie geprägt sind, die allen Begriffen fehlt" (KÖLLER 1975, S. 302). Bilder lassen uns beim Anschauen und Betrachten eine große Freiheit der Annäherung und Deutung.

Kinder nutzen diesen Spielraum auf eine erstaunliche Weise, wie sich zeigte. In einer Untersuchung zur metaphorischen Kompetenz von Grundschulkindern in Niedersachsen, Berlin und Sachsen (vgl. SCHULZ 1996) wurde den Kindern folgendes Gedicht des spanischen Dichters FEDERICO GARCÍA LORCA angeboten:

Nacht

Der Mond, der ist gestorben
do-re-mi
wir werden ihn begraben
do-re-fa
in einer weißen Rose
do-re-mi
mit einem Stängel aus Kristall
do-re-fa
er sank bis in den Pappelwald
do-re-mi.
(Nachdichtung F. VAHLE, 1993)

Den Kindern wurde das Gedicht vorgesprochen, erste Gedanken konnten nach dem Anhören ausgetauscht werden. Anschließend war Zeit, zu dem Gedicht auf farbigem Tonpapier das zu malen, was dem jeweiligen Kind zu dem Gedicht einfiel, was ihm wichtig erschien. Das „Gemälde" wurde erläutert (mündlich vorgetragen und vom Lehrer oder selbst aufgeschrieben).

An dieser Stelle soll noch kein didaktischer Weg erörtert, sondern gezeigt werden, wie souverän Kinder mit der Metaphorik dieses eigenwilligen Gedichts umgehen und was in dem Augenblick entsteht, wo sich die Welt des Gedichts und die Welt des Lesers/Hörers begegnen, miteinander verschmelzen, sich auf die eine oder andere Weise widersprechen, überschneiden, ergänzen (RICŒUR, 1986, S. VII).

Deutlich werden soll, wie verschieden Kinder ein und derselben Alters-
gruppe sich artikulieren, vor allem aber, was sie alles sehen, hören, fühlen
bei ein und demselben Gedicht.

Dafür stehen folgende Beispiele der Annäherung an die Metaphorik des
Gedichts, die zugleich eine Interpretation des Gedichts sind und auf das
„In-der-Welt-des-Gedichts-Seins" der Kinder verweisen (vgl. Schulz 1996,
S. 148 ff.), wenn sie versuchen, die Mondmetapher („Der Mond, der ist ge-
storben") für sich zu deuten:

> Der Mond geht hinter dem Pappelwald unter.
> Er wird bald wiederkommen und die Sonne vertreiben.
> Der Pappelwald ist die Brücke in ein anderes Leben.
> Die Brücke ist für den Mond ein Geheimgang.
> Alle denken, dass der Mond stirbt,
> aber die Brücke bedeutet, dass der Mond
> auch zurückkommen kann.
> (Christopher)

Christopher konzentriert sich ganz auf den Mond und den Pappelwald. Er
findet eine sehr eigenwillige Deutung und ein tiefes Verständnis für das
Werden und Vergehen des Lebens.

> Der Mond ist gestorben
> Der Mond scheint auf die Rose.
> Die Rose leuchtet ganz hell.
> In der weiß leuchtenden Rose sind Tautropfen.
> In diesen Tautropfen spiegelt sich der Mond.
> Es sieht so aus, als ob der Mond stirbt.
> (Edmond)

Edmond bündelt sein metaphorisches Verstehen des Gedichts in der Rose,
in der der Mond begraben wird. Dabei produziert er ein Bild, das eng mit
der Mondsymbolik verbunden ist. Danach ist der Tau die Milch des Mon-
des, mit der alles Lebendige genährt wird.

Ob der Junge sich in der Mondmythologie auskannte, haben wir nicht
gefragt.

> Der Mond ist gestorben
> Der Mond ist gestorben.
> Er sinkt unter.
> Die Bäume, die Kirche und der Strauch

leuchten im Dunkeln.
Der Mond geht langsam unter.
Die schöne Blume leuchtet mit dem
schönen Kristallstängel.
Die Kirchenglocken fangen an zu läuten,
und die Blume beginnt zu blühen.
Der Strauch leuchtet immer heller,
und bald kommt schon die Sonne
herauf.
(MONIKA)

Monika reichert die Welt des Gedichts durch ihre eigene Umwelt an. Dazu gehören blühende Sträucher und die Sonne, die Kirche und die Kirchenglocken. Sie fängt das Gedicht in einem großen Leuchten ein und konzentriert sich ganz auf das Heraufkommen der Sonne. Damit gibt sie ihrer Deutung des Gedichts von GARCÍA LORCA einen beinahe euphorischen Ausdruck, obwohl es doch eher ein dunkles, trauriges Gedicht zu sein scheint, wie es ihre Klassenkameradin Vera empfindet:

Ich habe ein lila Blatt genommen,
weil ich ein dunkles Bild malen wollte.
Die Nacht ist dunkel und kalt.
Ich habe der Rose einen grünen Stängel
und silberne Dornen gemalt, weil der
Rosenstängel im Gedicht aus Kristall ist,
und das sieht nachts aus wie Silber.
In die Rose habe ich das Spiegelbild vom
Mond gemalt, weil im Gedicht der Mond
gestorben ist, und dann in einer Rose
begraben wurde.
Eigentlich versinkt der Mond im Pappelwald, und das sieht so aus, als ob er stirbt.
Ich habe das Gedicht sehr schön gefunden,
es war aber auch traurig.

Vera verbindet ihre Bilderläuterung immer wieder mit der Reflexion auf den Text von GARCÍA LORCA und auf ihre eigene Gestaltung.

Zu bestaunen sind die verschiedenen Annäherungen an das Gedicht, an seine Metaphorik, die zugleich zur Produktion eigener Metaphern führte. Der Umgang der Kinder mit Metaphorik, so zeigen die Untersuchungen, ist für sie ein Weg des Entdeckens und Vorstellens von Welten.

Dieser Lernprozess zum Erwerb metaphorischer Kompetenz (vgl. FICHT-
NER 1990), der immer zugleich ein Weg der Annäherung der Kinder an ein
Gedicht ist, verläuft produktiv und schöpferisch für die Kinder, wenn
- verschiedene Angebote von den Lehrenden und Lernenden als Wege
  zum Gedicht erprobt werden,
- sich Tätigkeiten und Handlungen wechselseitig ergänzen, wie Hören
  und Lesen, Lesen und Sprechen, Lesen und Sehen und Malen, gestisches Gestalten und szenisches Lesen, Imaginieren, Erfinden von Farb-
  spielen und Bildern und
- auf diese Weise kognitives, volitives und emotionales Lernen einander
  durchdringen und bedingen.

Die Vielschichtigkeit und das Miteinander im Verstehen, Deuten und Produzieren metaphorischer Elemente eines Gedichts trifft auf die Verschiedenheit der Kinder und ihre Welterfahrung und -betrachtung. Metaphorisches Lernen im Umgang mit Gedichten ist dem Kind verwandt, weil es
ein Erproben, ein Versuchen und Erfinden einschließt (vgl. SCHULZ 1995,
S. 9 ff.).

Gedichte sind für den Grundschulunterricht darum „so unverzichtbar,
weil sie anders, weil sie ‚anstößig' reden, weil sie auf einen gebildeten
Umgang mit Fremdheit dringen, Bemühungen fordern, bevor sie zu sprechen beginnen" (VON BORMANN, 1993, S. 15).

3 Vom Umgang mit Gedichten: Gedichte lesen, sprechen, singen, inszenieren, selber reimen ...

„Mit Gedichten muss man sich ein bisschen aufhalten und manchmal erst herausfinden, was schön daran ist."
(Brecht)

Gegen das „Missvergnügen" an Gedichten (Gelberg 1996, S.2), das ein sehr altes Phänomen ist und sich in manchen Schulen oder (-stufen) hartnäckig zu halten scheint, hilft, was Dichter sich für ihre Gedichte wünschen: Neugier auf Gedichte wecken, Sprach- und Textlust anregen, einladen zu schöpferischem Lesen, zu lustvollem Umgang mit den Produktionen der Dichter (vgl. von Bormann 1993, S.15).

Brecht zum Beispiel, ab und zu über Gedichte befragt, schrieb:

> „ ... da ich aus meiner Jugend weiß, wie wenig Spaß uns Kindern die meisten Gedichte in unseren Lesebüchern machten, will ich ein paar Zeilen darüber schreiben, wie man Gedichte nach meiner Ansicht lesen muss, damit man Vergnügen daran haben kann. Es ist nämlich mit Gedichten nicht immer so wie mit dem Gezwitscher eines Kanarienvogels, das hübsch klingt, und damit fertig.
> Mit Gedichten muss man sich ein bisschen aufhalten und manchmal erst herausfinden, was schön daran ist."
>
> (Brecht 1965, S.74)

Und weiter:

> „Gedichte kann man lesen und darüber sprechen, das ist das Inhaltliche, und es ist schön, weil die Empfindungen des Dichters tief und von edler Art sind ...
> Aber dann ist da auch noch Schönes in der Art, wie er spricht ... Und sehr schön ist der Rhythmus des Gedichts ... Wenn ihr es vor euch hinsagt, werdet ihr merken, was ich meine, und besonders leicht, wenn ihr es singt."

Nach Brechts Meinung schadet es dem Gedicht nicht, wenn man es ein wenig auseinanderklaubt, denn:

„Eine Rose ist schön im Ganzen, aber auch jedes ihrer Blätter ist schön. Und glaubt mir, ein Gedicht macht nur wirkliche Freude, wenn man es genau liest. (Allerdings muss es auch so geschrieben sein.)"

(BRECHT 1965, S. 75)

Mit Gedichten handelnd umgehen

Nutzt man die bisher angedachten Ideen für einen handlungsorientierten Umgang mit Gedichten, dann lässt sich Folgendes konstatieren:

Lehr- und Handlungsziel für Lehrende und Lernende ist der vergnügliche Umgang mit Gedichten. Die anzustrebenden *Handlungsprodukte* können sein:

* das Vortragen, Vorsprechen, Vorsingen eines oder mehrerer Gedichte,
* die Zeichnungen, das Malen oder die Performance zum Gedicht,
* die sprachsprecherische Inszenierung,
* die pantomimische Darstellung eines oder mehrerer Gedichte,
* das Clustern als Vorform zum Schreiben eigener Verse,
* das Schreiben nach vorgegebenen Strukturen (Elfchen, Haiku, Senryu u.Ä.),
* vielfältige Formen konkreter Poesie (Ideogramme, Konstellationen, Laut- und Buchstabengedichte, Dialektgedichte, Piktogramme),
* die Umsetzung von Gedichten in musikalische, rhythmische, tänzerische Darbietungen,
* die Verbindung unterschiedlicher Arbeiten und die Präsentation der Ergebnisse (eigenes Buch, Bildergalerie, Ausstellung usw.).

In der/den *Erarbeitungsphase(n)* oder auf den Wegen zum Ergebnis sind Tätigkeiten vergnüglicher, aber auch anstrengender Arbeit – einzeln oder in Gruppen – auszuführen. Um Arbeit und Vergnügen im Umgang mit Gedichten zu verbinden, muss man sich aufhalten, Zeit nehmen,

* das Gedicht vor sich hinsprechen, lernen, Gedichte anzusprechen, hören zu wollen, was der Text sagt, wenn man ihn so oder so anredet,
* Verse oder Strophen vor sich hinsingen, anderen vorsingen,
* die Teilergebnisse spielerisch auf die Probe stellen,
* immer wieder lesen, nachlesen,
* hinhören, in das Gedicht hineinhören, anderen zuhören,
* vergleichen, begutachten, werten.

Das Gedicht ist auf die Probe zu stellen, ob es die Prozeduren aushält, ob es „so geschrieben" ist. Alles Getane ist zu reflektieren, ob es standhält, wenn wir so mit Lyrik und uns umgehen *(Auswertungsphase).*

Am Ende soll die Arbeit leicht aussehen. Die Leichtigkeit soll uns an die Mühe erinnern; sie ist überwundene Mühe oder siegreiche Mühe (vgl. BRECHT 1965, S. 217). (Vgl. S. 102 ff.)

❖ **Gedichte sprechen, „ansprechen", hören**

MASCHA KALÉKO
Der Frühling

Mit duftenden Veilchen komm ich gezogen
auf holzbraunen Käfern komm ich gebrummt,
mit singenden Schwalben komm ich geflogen,
auf goldenen Bienen komm ich gesummt.
Jedermann fragt sich,
wie das geschah:
Auf einmal
bin ich
da!
(KALÉKO 1982, S. 19)

Die Dichter, der Frühling und die Kinder

Stünde nicht die Überschrift „Der Frühling" wegweisend über dem Gedicht von MASCHA KALÉKO, dann wäre das einstrophige Gedicht einem Rätsel vergleichbar, das uns in verschiedene Richtungen lockt, verbunden mit der Frage, wer da seine Ankunft mitteilt.

Die Überschrift bündelt unsere Vorstellungen und lenkt unsere Assoziationen. Gleich dem Sprechenden im Gedicht möchten wir bei der Wiederkehr des Frühlings nach langer Kälte, nach Schnee und Eis mit dem lyrischen Ich ausrufen: „Auf einmal/bin ich (ist der Frühling)/da!"

Das Erstaunen über die Ankunft des Frühlings hat das lyrische Ich selbst überrascht. Das wird deutlich in der typografischen Strukturierung der letzten Verszeilen:

Auf einmal
bin ich
da!

Eine ähnliche Beschreibung des Frühlingserwachens entdecken wir in
dem Gedicht „Die Tulpe" von GUGGENMOS, in dem die letzten Verszeilen
heißen:

> Von Neugier gepackt
> hat die Zwiebel einen langen Hals gemacht
> und um sich geblickt
> mit einem hübschen Tulpengesicht.
> Da hat ihr der Frühling entgegengelacht.
> (GUGGENMOS 1987)

In den Lesebüchern für die Grundschule finden sich unterschiedliche Gedichte zum Frühling. Erinnert sei neben JOSEF GUGGENMOS' „Die Tulpe" an
ELISABETH BORCHERS' „Es kommt eine Zeit", Goethes „Das Lied der Nach-
tigall" u. v. a.

Woher der Frühling kommt, das ist nicht nur für Dichter eine wichtige
Frage, sondern auch für die Kinder. MASCHA KALÉKO geht ihr eher indirekt
nach. So beschreibt sie in sehr eingängigen Bildern, wie der Frühling daherkommt. Sie verlockt die Leser/Hörer zunächst zum Schauen:

- Auf die Erde, denn dort kommt der Frühling „mit duftenden Veilchen
  gezogen". Die sieht nur, wer sich bückt und genau hinschaut.
- Die Blicke des lyrischen Subjekts gehen von unten nach oben, denn in
  der Höhe der Köpfe oder leicht darüber kommt der Frühling „mit holzbraunen Käfern gebrummt."
- Viel weiter oben – und in der Frühlingszeit auch weiter fortgeschrit-
  ten – kommt der Frühling „mit singenden Schwalben … geflogen" und
  auf „goldenen Bienen gesummt".

Um das zu entdecken, muss man sich etwas aufhalten und sich Zeit zum
Beobachten nehmen, denn wir sehen nicht nur, sondern wir können, wenn
wir uns erinnern, die Veilchen riechen, das Brummen der Käfer, das Summen der Bienen und das Zwitschern der Schwalben hören. Mehrere Sinne
sind angesprochen. Manche direkt, wie das Auge und das Ohr, andere indirekt, wie der Geruchssinn. Die Kinder öffnen sich gleich den Dichtern
dieser Jahreszeit. Noch ehe man den Frühling riecht oder sieht, entdeckt
man die Kinder wieder auf Straßen und Spielplätzen. Selbst die Großstadt
erobern sie sich zu dieser Zeit zurück, zumindest mit den „Inlineskaters"
die Bürgersteige. Fernsehen scheint „out" zu sein, Bewegung im Freien
„in". So können die Dichter mit den Frühlingsgedichten und die Kinder
mit dem Drang ins Freie zusammenkommen.

Das Rätsel lösen – dem Gedicht einen eigenen Titel verleihen

Ein geeigneter Weg zum Gedicht von Mascha Kaléko wäre es, das oben angedeutete Rätsel aufzugreifen, indem der Lehrende das Gedicht ohne Überschrift vorträgt. Der Vortrag sollte wiederholt werden, wobei der Gestus des Gedichts variiert werden darf. Hat man das Gedicht zunächst vor der Klasse vorgetragen, könnte man sich mit den Kindern in den Kreis setzen und das Gedicht sehr leise, geheimnisvoll noch einmal sprechen. Mitunter sprechen bei dem wiederholten Vortrag die Kinder den Schluss mit. Aus der Zeit im Kindergarten wissen sie, dass durch Mit- und Nachsprechen Gedichte gelernt werden.

Nach wiederholtem Zuhören dürfen die Kinder zum Gedicht Überschriften suchen. Diese Titel können an der Tafel oder auf einem großen Blatt Papier, einer Papierrolle auf dem Boden aufgeschrieben werden. Benutzt man Letzteres, ausgehend von der Arbeit in einem Gesprächskreis, dann können alle Kinder unabhängig voneinander ihre Überschrift auf das Blatt bzw. die Papierrolle schreiben. Das Blatt oder die Rolle kann man an ein Brett pinnen oder an die „Klassenleine" für alle gut sichtbar anhängen. Anschließend werden die Titel bzw. die Rätsellösungen von allen betrachtet, gelesen und von Einzelnen vorgelesen.

Schön wäre es, wenn das Gedicht auf einem vorbereiteten Arbeitsblatt ohne Überschrift (aber mit Platz zum Schreiben für die eigene Überschrift und für die der Dichterin) jedem Kind oder einzelnen Gruppen zur Verfügung stünde. Jedes Kind oder die jeweilige Gruppe wählt aus der Vielzahl der Überschriften sich die nach eigener Meinung passendste aus und schreibt die der Dichterin dazu. Mit beiden Überschriften versehen, kann man das Gedicht gleich zweimal vorlesen/vorsprechen. Dabei darf man mit dem Blatt in der Hand herumgehen, weil es ein sehr bewegtes Gedicht ist (gezogen/gebrummt/geflogen/gesummt). Das können nach Beratung auch zwei Kinder gestalten. Eins spricht den Text, ein anderes Kind stellt die Bewegungen pantomimisch dar.

Die Entdeckungen der Verschiedenheiten und der Gemeinsamkeiten verbreiten Spaß und Aufmerksamkeit und ermuntern zum genauen Zuhören. Bei der Auflösung des „Rätsels", wie das Gedicht richtig heißt, wird die eigene Überschrift mit der der Dichterin verglichen und über die einzelnen Varianten gesprochen. Natürlich darf man stolz sein, wenn man in die Nähe der Autorin gelangt ist. Aber die Kinder stellen auch fest, dass mancher Titel ebenso schön ist wie der der Dichterin.

Herz, Blüte oder Veilchen? Die Form durch Betrachten des Schriftbildes entdecken

Die Gedichtform, die KALÉKO wählt, und die mittels der grafischen Gestaltung an eine Blüte, an ein Herz oder an ein Veilchen erinnert, kann das freudige Gefühl im Umgang mit dem Gedicht unterstützen.

Zum Betrachten der typografischen Form muss man die Kinder führen. Mitunter reicht es, wenn man fragt, womit sich das Schriftbild des Gedichts vergleichen lässt, woran es erinnert. Kinder nannten häufig das Veilchen, ein Herz, eine Blüte. Schweifen die Vorstellungen zu weit ab, sollte man wieder an den Inhalt des Gedichts erinnern und einen Bezug zum Frühling einfordern.

Die Form eines Gedichts beruht aber nicht nur auf dem äußeren Bild. Zur Form gehören der Rhythmus, das Metrum und der Reim. Der leichteste Weg zum Erkennen von Formmerkmalen läuft über den Reim. Es bereitet Kindern Spaß, Reimwörter zu suchen und Verspaare mit dem Reim vorzutragen. Dabei darf man beim Sprechen der Reimwörter auch einmal übertreiben (gezogen/geflogen, gebrummt/gesummt).

Nach den ersten vier Zeilen mit dem Kreuzreim (gezogen/gebrummt, geflogen/gesummt – a, b, a, b) erfolgt in KALÉKOS Gedicht eine Zäsur. Das kann man mit den Schülern am Schriftbild betrachten und ersprechen lassen. Sie beobachten, wie man an dieser Stelle die Luft anhalten muss. Eine Frage steht im Raum. Deshalb unterbricht KALÉKO ihre Gedichtform und löst grafisch die Verszeile auf:

„Jedermann fragt sich"
und sie fährt fort,
„wie das geschah:"

Hier fällt KALÉKO zurück in den Reim, und die Antwort erfolgt wie im letzten Moment eines Geburtsaktes, plötzlich und überraschend schnell:

Auf einmal
bin ich
da!

Das Ausrufezeichen verstärkt den expressiven Eindruck. Ausprobieren darf man an dieser Stelle, welches der einzelnen Wörter eine Betonung erhalten soll, welches man hervorheben möchte (Auf *einmal*/bin *ich*/*da!*). Die Begründung für die getroffene Wahl verdeutlicht dem Lehrer den Zugang einzelner Kinder zum Gedicht. Sie zeigt, inwieweit die Kinder in die Welt des Gedichts eingedrungen sind.

Das „Fremde" ansprechen

Kinder, die wenig Umgang mit Gedichten haben, stehen der Sprache der Lyrik, wie sie in KALÉKOS Gedicht verwendet wird, mitunter skeptisch gegenüber. Werden sie ohne Vorbereitung damit konfrontiert, reagieren sie albern oder abweisend, so wie wir auf einen übertrieben pathetischen Vortrag.

Gefühlvolle Sprache, wie in KALÉKOS Gedicht und in vielen Naturgedichten aus der Zeit der Romantik, auch gefühlvolles Sprechen ist Kindern und Lehrern befremdlich, vor allem in einer Zeit, in der über Videos, Fernsehfilme und Comics der Dutzendware (und nur auf Letzterem liegt die Betonung) ein „cooles" Verhalten mit einer „coolen" Kurz-Sprache bzw. einem Mindestwortschatz gefragt sind. Das kann man nur abbauen, indem der Spaß beim Sprechen, das Ausprobieren verschiedener Sprechweisen erlaubt bzw. eingefordert wird. Da hat die oben angedeutete Übertreibung ihren Platz wie die eingangs vorgeschlagene Form der Begegnung mit dem Gedicht durch wiederholten Vortrag der Lehrerin oder des Lehrers (einmal „normal", das andere Mal „verfremdet", sehr leise als ein großes Geheimnis usw.).

Eine Annäherung der Kinder an die ungewohnte Sprache des Gedichts erfolgt bereits durch das wiederholte Sprechen mit den verschiedenen Titeln. Da hier der Schwerpunkt auf dem Inhalt der selbst gewählten Überschriften liegt und auf der vergleichenden Betrachtung mit dem Originaltitel, erfolgt das Sprechen eher beiläufig, und auch die Zuhörer sind mehr am Inhalt, als am Sprechakt interessiert. Besonders gelungene Vorträge, bei denen der Titel und der Vortrag überzeugten, sind die Brücke zum Ansprechen des „Fremden". Der eigene Klassenkamerad überzeugt in solchen Fällen mehr als der Lehrer, die Lehrerin. Das „Fremde", das „Andere", verglichen mit der Alltagssprache oder der der Medien, ist plötzlich nähergerückt. Es hat etwas mit mir zu tun, und es ist schön, dass etwas auf die Weise von MASCHA KALÉKO gesagt werden kann, wenn es heißt:

die „duftenden Veilchen",
die „holzbraunen Käfer",
die „singenden Schwalben",
die „goldenen Bienen".

Will man auf die Sprachgestaltung gesondert eingehen, sollte man die genannten Formen sprechen oder lesen und die Kinder sich zu den Auffälligkeiten äußern lassen. Anschließend könnte die Frage gestellt werden, wer noch im Frühling auf eine besondere Weise daherkommt, verbunden mit der Aufforderung, selbst Analogiebeispiele zu finden. Anregungen zum Finden solcher Vergleiche sollten draußen, möglichst im Freien gesucht werden. Die Fundstücke werden gesammelt: echte Blüten, Zweige, ein Löwenzahn u.Ä. Man kann auch den Skizzenblock mitnehmen und Zeichen des Frühlings skizzieren oder das Klingen des Frühlings auf einem Kassettenrekorder aufnehmen. Letzteres zeigt vielleicht auch, wie laut der Frühling geworden ist und dass man das Brummen der Käfer und das Summen von Bienen kaum noch hören kann. Schön wäre es, das bei einem Schulausflug an geeignetem „stillen Ort" (GOETHE) nachzuholen.

Anregend und fächerübergreifend (in Verbindung mit dem Sach- und mit dem Kunstunterricht) kann eine Ausstellung der verschiedenen Fundstücke im Klassenraum oder im Speisesaal oder im Eingangsbereich der Schule sein. Dann entdecken vielleicht auch andere Kinder, dass Frühling ist.

Zurück zum Gedicht bedarf es von hier aus nur eines kleinen Schrittes: Die Fundstücke werden vorgestellt, Beispiele in Analogie zu KALÉKOS Gedicht gesucht. Dazu muss man das Gedicht noch einmal in Ruhe lesen, vor sich hinsprechen, die selbst gefundenen Beispiele aufschreiben und vorlesen. Als Sammlung am Pinnbrett erweitern sie das Gedicht von MASCHA KALÉKO mittels der Umwelt der Kinder.

Reizvoll kann es sein, in diesem Zusammenhang die Kinder auf die Wiederholung des Wortes „komm ich" aufmerksam zu machen und sie zu ermuntern, das zu deuten. Sie finden dabei heraus, dass Gedichte etwas sind, das sich nicht beim einmaligen Lesen oder Hören erschließt, sondern dass es im Gedicht immer wieder etwas Neues zu entdecken gibt. Man muss es dann aber auch genau und wiederholt lesen, und man muss es „ansprechen" wollen.

Könnte es nicht sein, dass MASCHA KALÉKO den Frühling herbeirufen möchte mit der die Bedeutung verstärkenden Wiederholung des Wortes: Komm, komm, komm endlich!?

Gedichte gesellig versammeln:
Heine und Kaléko dichten über den Frühling

Zu allen Zeiten und in allen Völkern erzählten und erzählen die Dichter vom Frühling. Manchmal ähneln sich nicht nur die Themen und die Stoffe der Gedichte, sondern auch die Formmerkmale oder einzelne Sprachbilder. Erinnerungen weckt das Frühlingsgedicht von MASCHA KALÉKO an eines der schönsten Frühlingsgedichte der deutschen Literatur eines Dichters, den KALÉKO zu ihren Vorbildern zählte, an HEINRICH HEINES „Leise zieht durch mein Gemüt". (Vgl. S. 100 f.)

Leise zieht durch mein Gemüt
Liebliches Geläute.
Klinge, kleines Frühlingslied,
Kling hinaus ins Weite.

Kling hinaus, bis an das Haus,
Wo die Blumen sprießen.
Wenn du eine Rose schaust,
Sag, ich lass sie grüßen.
(HEINE 1980, S. 217 f.)

Beide Gedichte kann man vergleichend miteinander, aber auch eines nach dem anderen mit den Kindern entdecken. Natürlich kann auch jedes Gedicht, wie hier dargestellt, für sich selbst stehen.

Vergleichende Betrachtung von Gedichten birgt Vorzüge in sich, weil unterschiedliche Gedichte auf die Verschiedenheit der Kinder treffen und somit Wahlmöglichkeiten erlauben. KALÉKOS Gedicht trägt einen beinahe euphorischen Grundton. Heines Gedicht ist eher getragen, vielleicht ein wenig traurig wie beinahe alle Gedichte von ihm. Jedenfalls ist es ein leises Gedicht, es stimmt nachdenklich. Und es kann Saiten in den Kindern zum „Klingen" bringen, die vielleicht selten anklingen.

Die Wege einer vergleichenden Betrachtung können so unterschiedlich sein wie die Gedichte und die Schüler. Ein Zugang zu einer ersten Begegnung wäre es, wenn beide Gedichte auf einem Arbeitsblatt zur Auswahl ausgelegt werden. Vielleicht variiert man die Farben der Blätter. Die Kinder wählen ein Gedicht aus und ziehen sich mit ihm zurück, lesen es, sprechen es dem Nachbarn vor. Die Gedichte dürfen getauscht werden. Im Sitzkreis lesen die Kinder sie anschließend vor.

Sind die Schüler in vergleichender Betrachtung noch ungeübt, sollte man den Weg gemeinsam gehen. Später kann in Gruppen mit beiden Gedichten gearbeitet werden.

Die Gemeinsamkeiten und Unterschiede werden auf einem Blatt – in der Mitte gefaltet – oder auf einer Folie oder an der Tafel usw. festgehalten:

Gemeinsamkeiten:
- der Frühling
- die Blumen sprießen
- Töne des Frühlings
- Freude über den Frühling

Unterschiede:

MASCHA KALÉKO	HEINRICH HEINE
Mit duftenden <u>Veilchen</u>	Wo die Blumen sprießen
komm ich gebrummt	Wenn du eine <u>Rose</u> schaust
komm ich gesummt	Klinge kleines *Frühlingslied*
die *singenden Schwalben*	Kling hinaus ins Weite
Auf einmal	Kling hinaus, bis an das Haus
bin ich	Sag, ich lass sie grüßen.
da!	

Beim Suchen und Finden von Ähnlichem und Verschiedenem sind gleichermaßen Schriftbild und Klangbild präsent. Die Kinder lesen nach, lesen vor und sprechen. (Hervorhebung G. Schulz)

Ein solcher Weg führt die Kinder auf Entdeckungsreisen und weckt ihre Neugier auf Gedichte. Da vor allem bei dem Aufzeigen der Unterschiede Wert auf das Verspaar oder die Verszeile gelegt wird, ist immer auch die Sprache der Dichter präsent. Sie verliert ihre Fremdheit, aber nicht ihren Zauber. Die Kinder aber verlieren die Angst vor überzogenen Gedichtvorträgen vor der Klasse. Der Wunsch wächst, die Gedichte wiederholt vorzusprechen, denn jeder möchte zeigen, welches sein Favorit ist.

Die Welt eines Gedichtes erkunden

HEINES Gedicht „Leise zieht durch mein Gemüt" wurde in einer zweiten Klasse in Berlin zu einem großen Erlebnis der Kinder. Ein Mädchen erklärte am Ende der Unterrichtseinheit stolz, dass sie nun wisse, „warum die Heine-Buchhandlung in meiner Straße Heine-Buchhandlung heißt".

Die Begegnung mit dem Gedicht erfolgte zunächst mittelbar über eine Bildausstellung mehrerer Reproduktionen über den Frühling, beispielsweise VAN GOGH: „Blühender Pfirsichbaum", MODERSOHN-BECKER: „Zwei rote Häuser in Moorlandschaft", PICASSO: „Frau mit Strohhut vor geblümtem Hintergrund".

Der Klassenraum war plötzlich verwandelt in eine Galerie, in der man umhergehen, die Bilder betrachten, über die Bilder mit anderen sprechen konnte. Das Sprechen über die Bilder wurde zum Ausdenken von Geschichten zu den Bildern. Wie selbstverständlich „erzählte" die Lehrerin zu einzelnen Bildern ihre Geschichten in Form von Frühlingsgedichten, darunter HEINES „Leise zieht durch mein Gemüt".

Der Vortrag der Lehrerin, vor allem aber das Heine-Gedicht mit dem kleinen Haus und der Rose hatten es den Kindern angetan. So blieb man bei Heine. Geschickt lenkte die Lehrerin im Verlauf der Begegnung die Kinder durch ihr wiederholtes Sprechen auf Besonderheiten des Gedichts. Die Kinder hörten in einzelne Verse des Gedichts hinein, wenn es bei HEINE heißt: „Leise zieht durch mein Gemüt/Liebliches Geläute".

Nachdenken über die Verse und dann die verblüffende Antwort von Steffen: „Leise zieht durch mein Gemüt/Liebliches Geläute: Das ist, wenn es hier innen (zeigt auf die Herzgegend) so schwunkt."

Das konnten sich die anderen vorstellen.

Damit war die Aufmerksamkeit der Kinder auf Besonderheiten des Gedichts gelenkt. Im Weiteren ging es um HEINES Wortwiederholung des Wortes „klingen". Die Kinder erprobten in kleinen Gruppen oder zu zweit die Wiederkehr der Wörter:

„Klinge, kleines Frühlingslied
Kling hinaus ins Weite.
Kling hinaus bis an das Haus …"

Sie suchten nach einem Grund, werden sie doch im Deutschunterricht dazu angehalten, nicht immer dieselben Wörter zu benutzen. Ein Mädchen meinte, der HEINE wusste kein anderes Wort mehr.

Nachdem die Lehrerin den Kindern eine mehrbändige Ausgabe der Gedichte HEINES zeigte und die Kinder darin blättern konnten, war die vorgebrachte Vermutung, er wusste keine anderen Wörter mehr, widerlegt. Wer so viele Gedichte geschrieben hat, der kennt viele Wörter.

Die Gründe für die HEINE'sche Wortwahl mussten also tiefer liegen und erforderten weiteres Nachdenken. Die Zweitklässler haben die Auffälligkeit in diesem Gedicht auf eine erstaunliche Weise interpretiert:

* „Der Weg bis zum letzten Haus ist weit. Da muss er es mehrmals sagen."
* „Manche Leute hören nicht gut. Da muss man alles wiederholen."
* „Damit es auch der Letzte hört, dass der Frühling kommt."

Auf verschiedenen Zeichnungen von Kindern zu diesem Gedicht war ein langer verschlungener Weg zu einem kleinen Haus zu sehen. Das zeigt einmal mehr, wie die Kommunikation in der Klasse über ein Gedicht die Rezeption Einzelner verstärken kann. Wer nicht selbst in die Tiefe des Gedichts gestiegen ist, kann zumindest das Angebot des Nachbarn aufnehmen und sich dessen Gedanken zu eigen machen.

Natürlich wurde HEINES Gedicht gesungen. Die Melodie ist eingängig. Sie unterstützt das Ungewöhnliche der poetischen Dichtung. Die gesamte Atmosphäre einer in sich verbundenen ästhetischen Konzeption zwischen bildender Kunst, Poesie und Musik hatte die Kinder dieser zweiten Klasse erreicht und – sie wussten nun etwas mit dem Namen HEINRICH HEINE zu verbinden. Das war eine wichtige Entdeckung für diese Zweitklässler, weil ein Denkmal für den Dichter ganz in der Nähe der Wohnungen der Kinder steht und man es täglich auf dem Weg zur Schule schon gesehen hatte (Heine am Weinbergsweg in Berlin-Mitte).

Auf diese Weise erfuhren die Kinder HEINES Gedicht als etwas, das mit ihrem Leben verbunden ist. Sie entdeckten das Andere als eine neue Erfahrung. Sie erlebten im Unterricht, dass es Dinge gibt, für die man sich Zeit nehmen muss, „um herauszufinden, was schön daran ist" (BRECHT).

❖ Gedichte mit allen Sinnen erleben und mit anderen Gedichten vergleichen

VOLKER BRAUN

Der Regen

Die Wolke und die Wiese   Und nur ein Rauschen blieb
Sind sich ganz nah gekommen   Rauscht eine lange Stunde
Als ich sie sehn wollt   Da war die Luft gebadet
Sind sie davongeschwommen.   Und lag leicht im Munde.

(BRAUN 1978, S. 40)

Die Kinder und das Regengedicht

VOLKER BRAUN (Jahrgang 1939), in Berlin-Pankow lebend, hat bei der Vielzahl seiner poetischen Produktionen bisher wenige Gedichte direkt für Kinder geschrieben. Das Gedicht „Regen" allerdings wurde in Anlehnung an BRECHT in eine Gruppe „Kinderlieder" aufgenommen. Es steht dort neben dem gleichfalls bekannten Lesebuchgedicht „Der Baum".

Bereits die Überschrift „Regen" weckte in Kindern dritter Klassen eine bestimmte Erwartung und Vorstellung. Regen bei BRAUN, das ist ein elementarer Vorgang in der Natur, der den Menschen als natürliches Wesen einschließt. BRAUN zeigt die Entstehung des Vorgangs, wenn sich „Wiese und Wolke ... ganz nah kommen" und die sich dabei vollziehenden Veränderungen:

Und nur ein Rauschen blieb
Rauscht eine lange Stunde
Da war die Luft gebadet
Und lag leicht im Munde.

Der natürliche Vorgang des Regens wird aus der Sicht eines lyrischen Subjekts, eines lyrischen Ichs („Als *ich* sie sehn wollt"), beobachtet. Zu diesem Beobachter fühlen sich die Schüler hingezogen. Was er sieht, das kennen sie auch. Wolke und Wiese sind nahe Bilder, auch der Regen ist vielfache Erfahrung. Darauf vertraut BRAUN, dennoch gestaltet er für den Leser einen neuen Blickwinkel:

Jemand, nicht näher bezeichnet, beobachtet das Naturschauspiel, sieht die Wolken am Himmel, die Wiese auf der Erde. Plötzlich fällt Regen aus der Wolke, den die Wiese, die Erde, aufnimmt. Später wird die Beobachtung in das Innere des Betrachters verlegt, in seinen Mund, in dem man die Luft leicht spürt.

Das Bild von der Luft, die „leicht ... im Munde ... lag", verweist direkt auf den Menschen, bindet ihn in den elementaren Naturzusammenhang ein. Drei wichtige Elemente werden angesprochen: Erde, Wasser, Luft, für jede Kreatur lebenswichtig.

Interessant ist es in diesem Zusammenhang, mit den Kindern zu überlegen, wo der Betrachter des Naturschauspiels stehen mag. Dabei fließen die eigenen Erfahrungen der Kinder ein. Sie erzählen, wo man sich bei Regen am liebsten aufhält, wo man vom Regen überrascht wurde, was ein Haus, eine Hütte, ein Dach überm Kopf in einer solchen Situation bedeuten können.

Zugleich stellt sich beim weiteren Lesen/Sprechen des Gedichts die Frage, warum der Beobachter seinen Unterschlupf verlässt. Was treibt uns, im Regen aus dem Haus zu laufen, wäre ein Impuls, über eigene erlebte Situationen im Regen und die im Gedicht genauer nachzudenken.

Sinnliche Erfahrungen können eingebracht werden, wie etwa die Erfrischung bei einem Gewitterregen, wie sich der warme Asphalt anfühlt, wie die dampfende Wiese aussieht u.Ä.

Im Gedicht ist es die Neugier des Beobachters, die ihn in den Regen treibt:

„Als ich sie sehn wollt".

Bewusst wird der Blick der Leser auf das Bild der Begegnung von Wiese und Wolke gelenkt, wird angeregt, genau zu sehen, hinzugucken, auch hinter die Erscheinung schauen zu wollen.

Je öfter ich selbst dieses Gedicht lese, desto mehr steht es für mich als wunderschöne Metapher für eine Liebesbegegnung. Für die Drittklässler bleibt es bei der ersten Schicht des Gedichts, bei der eindrucksvollen Beschreibung des Regens, der durch die Begegnung von Wolke und Wiese verursacht worden ist. Allerdings entzieht sich dem Betrachter und damit auch dem Leser das Bild der Begegnung:

„Als ich sie sehn wollt
Sind sie davongeschwommen"

Das Bild verschwimmt. Gerade das Sprachbild des Davonschwimmens bietet in der Arbeit mit Kindern verschiedene Möglichkeiten, Sprache im Gedicht zu hinterfragen und das Gedicht daraufhin „anzusprechen". Dazu verhilft das Probieren unterschiedlichen Betonens einzelner Wörter, das die Kinder selbst ohne Vorgabe versuchen sollten. Die folgenden Beispiele wollen nur das Vorgehen verdeutlichen:

Als ich sie **sehn** wollt
Sind sie **davongeschwommen**.

Als **ich** sie sehn wollt
Sind **sie** davongeschwommen.

Als ich **sie** sehn wollt
Sind **sie** davongeschwommen.

Sprecherisch besonders erproben, sich sozusagen auf der Zunge zergehen lassen, sollte man den letzten Vers mit dem Stabreim (Alliteration):

Da war die **L**uft gebadet
und **l**ag **l**eicht im Munde.

Was nach der Begegnung der Wolke und der Wiese, nach dem Regen bleibt, wird einerseits lustvoll wie in einem Rausch beschrieben:

Und nur ein Rauschen blieb
Rauscht eine lange Stunde.

Andererseits deutet das Wort „nur" auch auf die Vergänglichkeit der Ereignisse in der Natur und darüber hinaus hin:

Und **nur** ein Rauschen blieb

Aufgehoben wird die etwas ernüchternd scheinende Betrachtung durch die folgenden Zeilen:

Rauscht **eine lange Stunde**.

Wie lang eine lange Stunde sein kann, darüber lohnt sich nachzudenken. Dennoch ist der Betrachter mit dem Regen zufrieden, denn danach

Da war die Luft gebadet
Und lag leicht im Munde.

Mit verschiedenen Sinnen erfassen

BRAUNS Gedicht spricht die Sinne der Kinder an: Augen, die die Wolke und Wiese sehen, Ohren, die das Rauschen eine lange Stunde hören und der Geschmackssinn, der die gebadete Luft im Mund spürt. Erinnern sollten sich die Kinder daran, wie es ist, wenn man mit bloßen Füßen im Sommerregen die Nässe des Grases fühlt. Bei manchem ist es mitunter nur noch der kleine Finger, der den Regen vorsichtig ertastet. Vielleicht hilft eine Ermunterung, in der Stadt im Sommer nach dem Regen die Pfützen mal mit bloßen Füßen zu erkunden. Aus dem sinnlichen Anspruch des Gedichts erwachsen die Möglichkeiten des Umgangs damit. Bilder zu dem Gedicht lassen sich *imaginieren*, vorstellen, in einer Stilleübung „produzieren", wenn das Gedicht wiederholt von einem Sprecher vorgetragen wird und die anderen zuhören.

Diese Bilder von Wolke und Wiese und Regen lassen sich *zeichnerisch* umsetzen. Die Zeichnungen können vorgestellt und mündlich oder schriftlich interpretiert werden. Sie sagen viel über die Tiefe der Annäherung an das Gedicht aus.

BRAUNS Naturbild trägt impressionistische Züge. Das Bild der Begegnung von Wolke und Wiese verschwimmt vor unseren Augen. Schön wäre es, die Stimmung des Gedichts durch *Reproduktionen* impressionistischer Malerei zu vertiefen, beispielsweise MONET: „Mohnblumen", VON UHDE: „Heideprinzesschen", STRÜTZEL: „Frühlingswiese". Das könnte auch der „Einstieg" in das Gedicht sein. Die Bilder begleiten das Gespräch mit dem Gedicht.

Regen rauscht, rauscht eine lange Stunde, heißt es bei BRAUN. Wichtiges, Bedeutsames wird durch Wiederholung verstärkt. Wie Regen rauscht, das können die Kinder beschreiben. Man kann es auch von einer Gruppe

akustisch präsentieren lassen mithilfe von Instrumenten, mit selbst herge-
stellten „Geräuschemachern". Das darf auf ein Tonband aufgenommen
und der Klasse vorgespielt werden.

BRAUNS Gedicht ist voller Bewegung: Wolke und Wiese sind sich ganz
nah gekommen/sind **davongeschwommen**. Das lyrische Ich will sie sehen, muss sich also auf die Wolke und Wiese zubewegen.

Ein Gedicht der Gesten, das man gestisch und mimisch mit wechseln-
der Ansprechbarkeit wiederholt vortragen könnte. Dazu kann man einen
unterschiedlichen Sprechgestus einsetzen, das Gedicht spachsprecherisch
„verfremden". Denkbar wäre es, die beiden Strophen versweise von zwei
Sprechern sprechen zu lassen:

Schüler A
Die Wolke und die Wiese
Sind sich ganz nah gekommen

Schüler B
Als ich sie sehn wollt
Sind sie davongeschwommen.

Durch die Verteilung der Strophen auf zwei Sprecher entwickelt sich ein
Gestus des Mitteilens, des Kommunizierens. Der eine weiß dies, der andere das. Das lässt sich steigern, indem man die Verfremdung im Sprachgestus hinzunimmt und sich beispielsweise wechselseitig die Verse als
• Geheimnis mitteilt,
• sich wütend an den Kopf wirft,
• in großer Besorgnis allen vermeldet usw.

Die Kinder finden schnell zu diesem gestischen Sprechen und entdecken
auf diese Weise, was man mit der Sprechsprache alles verändern kann und
wie sich die Bedeutung des Gedichts dabei schichtweise aufbrechen lässt.

Ein Gedicht, mit dem auf diese Weise umgegangen wird, kann man
nach kürzester Zeit aus dem Kopf aufsagen und das „Grauen" vor dem
Auswendiglernen müssen, stereotyp und ohne Lust, ist vorbei.

Solche Sprechversuche können in Gruppenarbeit ausprobiert und dann
auf einer „Probebühne" von verschiedenen Vortragenden im Wechsel zwischen Versen und Strophen vor- und zur Diskussion gestellt werden.

Immer wieder: Regen rauscht, fällt vom Himmel, springt auf unsere Nasen – Möglichkeiten vergleichender Gedichtbetrachtung

Angeregt von BRAUNS Gedicht könnten verschiedene Gedichte zum Regen in ihrer unterschiedlichen Gestaltung miteinander verglichen werden.

Vergleichende Gedichtbetrachtung verweist auf die Intertextualität des einzelnen Gedichts („das textuelle Zusammenspiel, das im Innern eines einzigen Textes abläuft" KRISTEVA 1978, S. 37 f.), schärft das Gespür für Lyrik, also für das Entdecken der Wiederkehr von Themen, Motiven (z. B. kann auf die Verwendung des Motivs der Wolke in BRECHTS Kindergedicht „Eines nicht wie das andere" u. Ä. aufmerksam gemacht werden) und Stoffen wie für die Einzigartigkeit des jeweiligen Gedichts. Verschiedene Gedichte zu einem Thema sprechen unterschiedliche Gefühlslagen der Kinder an. Sie sind ein Moment differenzierter Arbeit im Lese- und Literaturunterricht. (Vgl. S. 102)

Das Angebot verschiedener Gedichte eignet sich zur Aufgabenstellung für die Freiarbeit, kann aber auch für Gruppen angeboten werden, die sich selbstständig mit den unterschiedlichen Gedichten befassen und ihre Ergebnisse der vergleichenden Betrachtung vor der Klasse vortragen möchten. Dazu gehört auch das Vorsprechen der Gedichte, die von den Kindern selbstständig erprobt worden sind. Solche Unterrichtsmomente bergen den Reiz der Vielfalt sowohl im Gedichtangebot als auch in der sprecherischen Gestaltung in sich.

Denkbar wäre es, die Kinder selbst „Regengedichte" in Anthologien oder in Gedichtbänden eines Autors suchen zu lassen. Das setzt eine Klassen- oder Schulbücherei oder die Nähe einer Bibliothek mit einem entsprechenden Buchbestand voraus. Auch Lesebücher für verschiedene Altersklassen lohnen sich.

Die Suche könnte mit folgenden Impulsen verbunden werden:
* Lest und sprecht die Gedichte vor euch hin, vergleicht sie mit dem „Regen" von BRAUN und findet heraus, wie der Regen in anderen Gedichten beschrieben wird. Tragt besonders schöne Wendungen vor oder schreibt sie in euer Lesetagebuch.
* Ersprecht euch den unterschiedlichen Grundton der Regengedichte. Fragt euch dabei, ob die Gedichte
  – nachdenklich,
  – traurig oder
  – fröhlich und witzig sind.
* Tragt eure Gedichte so vor, dass wir den Grundton spüren.

Zu nachfolgenden Gedichten werden einzelne Aspekte einer vergleichenden Betrachtung des jeweiligen Gedichts mit BRAUNS „Regen" vorgestellt.
Alle Gedichte thematisieren den Regen, jedes auf eine besondere Weise,
aber mit den anderen vergleichbar.

Regen, das ist Wasser. Wasser ist neben Erde, Feuer, Luft, die in einigen
der vorgestellten Gedichte angesprochen werden, eines der Elemente des
Lebens. Es kommt in den genannten Gedichten vor allem auch in Bezug
auf die Kinder vor. Damit ist Vergleichbarkeit möglich. Die Kinder suchen
in den einzelnen Gedichten das Allgemeine, das Besondere und das Einzelne. BRAUNS Regen ist elementar, er umschließt Mensch und Natur. Das
Gedicht von BRAUN sollte deshalb zunächst der Bezugspunkt zu je einem
der vorgestellten Gedichte sein. Die Wahl könnte den Kindern überlassen
werden. Sie erfahren dabei, dass
• es mehrere Gedichte zu einem Thema gibt,
• verschiedene Autoren ganz verschiedene Gedichte schreiben,
• man selbst eine Wahl treffen darf und muss, deshalb einen Bezug zum
  Gedicht herzustellen hat und diesen nach Möglichkeit begründen
  sollte.

Um das zu können, muss man alle Gedichte lesen, sprecherisch ausprobieren, sein Wahlgedicht vorstellen und die Wahl begründen. Das am
häufigsten genannte Gedicht wird das Vergleichsgedicht. Das sollten alle
akzeptieren. Zum Abschluss der vergleichenden Betrachtung dürfen alle
Gedichte noch einmal nach Lust und Laune vorgesprochen, gelesen, gespielt werden. Auf diesem Weg fließen in die vergleichende Betrachtung
die anderen Gedichte mit ein. Sie könnten optisch an einer Wandtafel oder
wie immer präsentiert werden.

Eines nicht wie das andere – Gedichte im Vergleich

DIETER MUCKE

Sommerregen

Die Vögel singen im Regen
Wohl ihre schönsten Lieder.
Die Regentropfen und Töne
Fallen wie Perlen nieder.

Sie rollen zwischen die Gräser.
Die Wurzeln saugen sie auf.
Die Blumen strömen die Lieder
Als Blütensaft wieder aus.
(MUCKE 1977, S. 10)

Im Gedicht „Sommerregen" von DIETER MUCKE können die Kinder im Vergleich zu BRAUNS Gedicht Vertrautes entdecken. Lesen sie beide Gedichte

vergleichend, finden sie in Muckes Gedicht heraus, dass auch bei ihm der Regen und die Wiese miteinander zu tun haben. Wiese wird nicht wie bei Braun direkt, sondern indirekt angesprochen in Form der Gräser: „Sie (die Regentropfen) rollen zwischen die Gräser". Gräser verweisen auf Wiese oder zumindest auf Wiesenrain, weniger auf die Grasspitzen zwischen den Betonsteinen gepflasterter Höfe, denn gleich dabei sind die Blumen, die „strömen die Lieder/Als Blütenduft wieder aus".

Für Kinder ansprechend ist der Bezug zu den Vögeln, die „singen im Regen/Wohl ihre schönsten Lieder". Ähnlich Braun werden in beiden Gedichten Töne hörbar. In Brauns Gedicht „rauscht" der Regen, bei Mucke hören wir die Lieder der Vögel. Schaut man sich das Gedicht von Mucke genauer an, dann lässt sich leicht eine Melodie zum Text finden, sodass man es mit den Kindern singen könnte. Schön ist es, in dem Gedicht dem Weg der „Töne" zu folgen, sich auf diese Weise dem Bildgehalt zu nähern:

Die Vögel singen im Regen
Wohl ihre schönsten Lieder
die Töne/fallen wie Perlen nieder
die Blumen strömen die Lieder/Als Blütenduft wieder aus.

Gemeinsames und Verschiedenes bringt die beiden Gedichte einander näher und zeigt uns jedes einzelne deutlich in seiner Originalität. Um das herauszufinden, muss man den Kindern Zeit einräumen zum selbstständigen vergleichenden Lesen bzw. Sprechen beider Gedichte. Das könnte eine differenziert gestellte Aufgabe oder eine für alle Kinder der Klasse sein. Die Entdeckung, dass sich hinter den Wörtern mehr verbirgt, als beim ersten Lesen zu sehen ist, bereitet Kindern, die ja „Sachensucher" sind, Vergnügen. Das aber nur, wenn wirklich etwas zu entdecken ist.

Josef Guggenmos

Dabbeljuh

Im Regen steht
ein Dabbeljuh
(was es auch sei)
mit nassem Schuh.

O Einsamkeit!
O graue Welt!
Auf Dabbeljuh
der Regen fällt.

Komm unter meinen Schirm,
komm du
ganz nah zu mir,
Dabbeljuchhu!
(Guggenmos 1990, S. 101)

GUGGENMOS' Gedicht hat einen anderen Inhalt als das von Braun. Das verlangt vom Dichter auch eine andere Gestaltung. Die Verse im „Dabbeljuh" erinnern an Abzählreime, könnten auch dafür benutzt werden. Sie leben vom eingängigen Reimschema des Paarreims, der durch die Zeilenbrechung im Visuellen unterbrochen ist, sich sprecherisch aber schnell als solcher einprägt und zum Sprechen drängt. Die Kinder finden im Lesen und vor allem im Sprechen beider Gedichte heraus, dass jedes eine andere Sprechweise erfordert. Im Vor-sich-Hinsprechen wie im Vorsprechen beider Gedichte entdecken sie, wie verschieden die beiden Gedichte sind und wie unterschiedlich man sie aufsagen kann.

Das Gedicht von GUGGENMOS geht von der alltäglichen Beobachtung aus, dass jemand im Regen steht oder stehengelassen wurde. Das haben Kinder schon erlebt, ohne dass ihnen die Metapher „Jemanden im Regen stehenlassen" bekannt ist. Da man aber möglichst niemanden dort stehenlassen sollte, bietet der Sprechende im Gedicht eine wunderbare Lösung an, denn, wer du auch seist:

Komm unter meinen Schirm,
komm du
ganz nah zu mir,
Dabbeljuchhu!

Die Freude, jemandem geholfen zu haben, wird durch das Anhängen der Interjektion „juchhu" an das Dabbeljuh wie durch das Ausrufezeichen verstärkt.

Spaßig geht GUGGENMOS mit der Anglizismen-Manie um und nimmt sie auf die Schippe. Schön daran, dass er offenlässt, wer Dabbeljuh im Regen ist (auch wenn man die Bezeichnung als englischen Buchstabennamen für das „W" kennt), wenn es heißt:

Im Regen steht
ein Dabbeljuh
(was es auch sei)
mit nassem Schuh.

Die auf diese Weise entstandene Lücke im Text, bewusst provokant für die Kinder gesetzt, kann von jedem mit seinen Vorstellungen und Gedanken gefüllt werden.

Das Gedicht birgt, von diesem Moment der Fantasieleistung der Kinder ausgehend, ein ganzes Arsenal weiterer Gestaltungsmomente in sich. Man kann das Gedicht sprechen und die Textstelle konkret ausfüllen, etwa so:

Im Regen steht
mein Dabbeljuh
(mein Freund es sei)/(mein Hund es sei) usw.
im nassen Schuh.

Spaß, Witz und Übertreibung sind erlaubt, denn das Gedicht von GUGGENMOS gibt diesen Grundgestus vor.

Allerdings kommen die Kinder, wenn sie das Gedicht „genau lesen", von selbst darauf, dass der Suche eines eigenen Dabbeljuh Grenzen gesetzt sind. Es muss zumindest unter einen Schirm passen und man muss wollen, dass es ganz nah an einen herankommt. Damit werden auch gewisse Grenzen für die Ausdeutbarkeit eines Gedichts und seiner Aussage gesetzt. Die Kinder erfahren, dass ein Gedicht eine in sich geschlossene Einheit ist, mit der man spielerisch umgehen, die man aber nicht willkürlich verbilden darf.

SARAH KIRSCH

Regenlied

Regen fällt vom Himmel,   Sonne möchte schimmern,
grün wird jedes Gras,   's wird was Schönes draus:
Regen fällt vom Himmel,   Regenbogen flimmern
macht den Kindern Spaß.   über unserm Haus.
                                          (Copyright bei der Autorin)

Regen ist ein Besen,
fegt die Luft ganz rein,
springt auf unsre Nasen
und wäscht jeden Stein.

Auch SARAH KIRSCH verbindet wie VOLKER BRAUN Regen und Wiese miteinander:

Regen fällt vom Himmel,
grün wird jedes Gras,
…

Gras deutet in Richtung Wiese, bezieht aber jedweden Grashalm, wo er auch wachsen möge, in die Begrünung durch den Regen ein. Selbst die Steine werden im Gedicht bemüht, denn der Regen „wäscht jeden Stein".

Regen, so SARAH KIRSCH, reinigt nicht nur die Steine und „fegt die Luft ganz rein", sondern der Regen „macht den Kindern Spaß".

Dieses Regengedicht weist damit gegenüber allen genannten eine Besonderheit auf, es bezieht die Kinder namentlich ein, wird zu ihrem Sprecher, weil ihnen Regen „Spaß macht". Der Bezug zum Kind trägt das gesamte Gedicht. Kɪʀsᴄʜ spricht aus der Sicht der Kinder und führt sie vom Nahen „springt auf unsre Nasen" in die Ferne „Regenbogen flimmern/ über unserm Haus". Damit nimmt ihr lyrisches Subjekt die entgegengesetzte Blickrichtung wie die schauende Instanz in Bʀᴀᴜɴs Gedicht ein. Bʀᴀᴜɴs lyrisches Ich betrachtet zunächst die Wolke (Himmel) und die Wiese, also die Ferne, und legt den Rausch nach dem Regen in unseren Mund, ist uns am Ende des Gedichts ganz nah. Sᴀʀᴀʜ Kɪʀsᴄʜs Sprechender führt den Blick von unserer Nasenspitze, auf die der Regen „springt", in die Weite des Himmels zum Regenbogen, der über unserem Haus steht. Diese unterschiedlichen Sichtweisen in beiden Gedichten herauszufinden, bereitet Vergnügen und weitet den Blick – nicht nur auf Lyrik –, aber auf jeden Fall auf die besonderen Schönheiten des „Regenlieds".

Da Sᴀʀᴀʜ Kɪʀsᴄʜ ihr Gedicht „Regen*lied*" nennt, könnte das der Impuls dafür sein, das Gedicht musikalisch auszugestalten, indem passende Musikstücke gesucht, das Sprechen des Gedichts mit Klanginstrumenten untermalt wird oder man es – wie das von Mucke – nach einer bekannten Melodie singt und mit Rhythmusinstrumenten begleitet.

Fᴇᴅᴇʀɪᴄᴏ Gᴀʀᴄíᴀ Lᴏʀᴄᴀ

Wasser, wohin gehst du?
Lachend trägt mich der Fluss
zu den Ufern des Meeres.
Meer, wohin gehst du?
Den Fluss hinauf
suche ich eine Quelle zum Ausruhn.
(Vᴀʜʟᴇ 1995, S. 74)

Mit dem Gedicht von Gᴀʀᴄíᴀ Lᴏʀᴄᴀ wird bewusst eine andere Tonart, eine eher nachdenkliche, eingebracht. Gᴀʀᴄíᴀ Lᴏʀᴄᴀs Fantasie wurde „immer wieder vom Wasser, von seinen unterschiedlichen Erscheinungsformen und Bedeutungen angeregt" (Vᴀʜʟᴇ 1995, S. 73).

Hier führt der spanische Dichter dem Leser/Hörer den Kreislauf vor, den das Wasser, auch wenn es als Regen auf die Wiese oder auf jeden Stein fällt, vollzieht. Gᴀʀᴄíᴀ Lᴏʀᴄᴀs Gedicht bündelt das in den verschiedenen Regengedichten angesprochene oder mitgedachte Urelement, das Wasser. Es ermöglicht, seiner Spur zu folgen: „Wasser, wohin gehst du?"

Die Kinder könnten auch fragen: „Regen, woher kommst du und wohin gehst du?" Unterschiedliche Antworten darauf geben auf sehr poetische

Weise die Gedichte von BRAUN, MUCKE, KIRSCH und GUGGENMOS. Eine andere gibt GARCÍA LORCA, der in wenigen Versen (Nachdichtung F. VAHLE) den Weg des Wassers für die Kinder veranschaulicht:

Das Wasser lässt sich tragen vom
„Fluss zu den Ufern des Meeres."
(Das) Meer gibt sein Wasser
„Den Fluss hinauf"
(zur) Quelle."

Den fragenden Gestus des Gedichts von GARCÍA LORCA können die Kinder sowohl gedanklich als auch sprecherisch, aufgeteilt auf zwei Personen (Frager und Beantworter), leicht nachvollziehen. Jedes der genannten Regengedichte erscheint aus der Sicht dieses Gedichts plötzlich in einem anderen Licht. Der Regen kann auf seinen Ursprung hin befragt werden.

Das Sprechen verschiedener Gedichte zu einem Thema verdeutlicht unterschiedliche Weltsichten und die Welt bewegende Momente und weckt auf diese Weise das Interesse der Schüler. In einer vierten Klasse kann das mit einzelnen Schülern vorbereitet werden. Nach dem Vortrag bitten die Vortragenden Interessenten für das jeweilige Gedicht zu sich. Die Kinder sprechen darüber, warum sie sich für dieses Gedicht entschieden haben. Dabei stehen die einzelnen Gedichte erneut im Mittelpunkt. Die Sprecher lesen oder tragen es auf Wunsch noch einmal vor. Wiederholung fördert auf diese Weise Neues, bisher nicht Gehörtes zutage oder vertieft den Eindruck. Die Teilnehmer können die Referenten wechseln. Vielleicht entscheidet sich die Lehrkraft in der Vorbereitung auf diese vergleichende Gedichtbetrachtung für einzelne Stationen, die jeder Schüler abschließend durchlaufen könnte. Das wäre eine gute Basis zum Kennenlernen aller Gedichte und reichert das literarische Wissen der Schüler an.

Den Abschluss kann ein Gespräch über Gemeinsamkeiten und Unterschiede in den einzelnen Regengedichten bilden.

Vorlieben bezüglich einzelner Gedichte dürfen durch Vortrag verdeutlicht werden. Da die Gedichte verschieden im Inhalt, in Reimform und Rhythmus, in der Wortwahl und Wortstellung, im Gestus wie in den Gesten sind, hören wir auch unterschiedliche Vorträge, denn die Kinder haben mit der Wahlmöglichkeit auch eine zu Form und Inhalt getroffen, der sie gerecht werden wollen. Auf solchen Wegen entdecken die Kinder, dass ein Lied in allen Dingen klingen kann, wenn man das Zauberwort kennt oder vermittels Lyrik kennenlernen darf.

❖ **Mit Gedichten Geschichten erzählen und Fragen stellen**

ELISABETH BORCHERS

November

Es kommt eine Zeit,
da lassen die Bäume
ihre Blätter fallen.
Die Häuser rücken
enger zusammen.
Aus den Schornsteinen
kommt ein Rauch.

Es kommt eine Zeit,
da werden die Tage klein
und die Nächte groß,
und jeder Abend
hat einen schönen Namen.

Einer heißt Hänsel und Gretel.
Einer heißt Schneewittchen.
Einer heißt Rumpelstilzchen.
Einer heißt Katherlieschen.
Einer heißt Hans im Glück.
Einer heißt Sterntaler.

Auf der Fensterbank
im Dunkeln,
dass ihn keiner sieht,
sitzt ein kleiner Stern
und hört zu.
(BORCHERS 1981, o. S.)

Borchers' „November" ermuntert die Kinder, sich zu erinnern

Das Gedicht von BORCHERS gehört zu den Monatsgedichten, die die Dichterin in dem Band „Und oben schwimmt die Sonne davon" mit den ganzseitigen Illustrationen von DIETLINDE BLECH veröffentlichte.

Alle Gedichte beginnen mit der Wendung „Es kommt eine Zeit …", einem Verweis auf Werden und Vergehen: Im Gedicht „November" „lassen die Bäume ihre Blätter fallen … (und) da werden die Tage klein und die Nächte groß". Werden und Vergehen in der Natur und – im Bezug zu den „Häusern" – auch darüber hinaus im menschlichen Leben. Beobachtungen über Leben und Tod, wonach Kinder sehr früh fragen. Neben diesem elegischen Grundton findet sich im Gedicht das Prinzip Hoffnung, das die Kinder brauchen.

Dem Bild vom blätterlosen Baum stellt BORCHERS die Häuser gegenüber, die enger zusammenrücken, denn die Blätter verdecken das Nachbarhaus nicht mehr. Bilder, die Kinder kennen und über die sie sprechen wollen.

Die Häuser in BORCHERS' Gedicht aber bedeuten mehr. Sie sind Wohnung, bewohnt, denn aus ihren Schornsteinen „kommt ein Rauch" (BORCHERS 1981, o. S.). Rauch als eine Metapher für Bewohnbarkeit, die BRECHTS Gedicht „Der Rauch" verwandt ist und mit der sie ihm im Gestus folgt, wenn BRECHT schreibt:

Der Rauch

Das kleine Haus unter Bäumen am See.
Vom Dach steigt Rauch.
Fehlte er
Wie trostlos dann wären
Haus, Bäume und See.
(BRECHT 1965, S. 220)

BORCHERS betrachtet das Haus mit dem Rauch, wie BRECHT es beschreibt, nicht von außen, sondern geht mit uns in das abendliche Haus, in den geselligen Abend hinein, von dem jeder einen „schönen Namen" hat.

Gegen das Vergehen, wie es die Kinder in der Natur erleben, setzt BORCHERS etwas existenziell Wichtiges, das Erinnern. Im Innern – des Hauses – und in unserem Innern leben die vergangenen Erfahrungen, Geschichten über Liebe und Glück, über Freude und Leid. Geronnen sind sie in BORCHERS' Gedicht in den uralten Menschengeschichten, den Märchen. Da setzt sie auf eine Wirkung, die trotz aller Debatten für oder gegen Märchen von den Kindern selbst kaum infrage gestellt worden ist. Es sei denn, man hat sie am Lesen oder Zuhören von Märchen gehindert.

BORCHERS ist sich der Kinder sicher. Die Märchen, die sie nennt, bilden eine Mischung sehr bekannter, wie „Hänsel und Gretel", „Schneewittchen", „Rumpelstilzchen" und „Sterntaler" und weniger bekannter Märchen, wie „Katherlieschen". Von dem Letzteren hat man vielleicht schon einmal die Überschrift gehört und möchte es nun näher kennen lernen. Die Verbindung aus Vertrautem und Neuem ist ein wesentlicher Impuls für Lesenwollen überhaupt.

Die dritte Strophe weckt die Neugier der Kinder und ruft die Märchenbilder hervor, denn genannt werden lediglich die Titel der Märchen. An die Märchen selbst muss man sich erst erinnern, nach ihnen muss man im Gedächtnis suchen. Will man sie hören oder lesen, hat man Stoff für sechs Märchenabende oder Märchenmorgen, weil man abends nicht zur Schule geht. Bereits nach einem ersten Anhören des Gedichts werden die Kinder darauf vertrauen, dass die Märchen vorgelesen oder erzählt werden.

Dass die Dichterin sich das wünscht, erfahren wir in der letzten Strophe, denn

Auf der Fensterbank
im Dunkeln,
dass ihn keiner sieht,
sitzt ein kleiner Stern
und hört zu.

Der kleine Stern hört zu – Indiz für Zuhörenkönnen als eine nachdrücklich einzufordernde Fähigkeit für eine menschliche Kommunikation. Der kleine Stern wird im Gedicht vorbereitet. Das letztgenannte Märchen heißt „Sterntaler".

Vielleicht ist er jemandem in den Schoß gefallen, Stern geblieben und hat sich nicht zu Gold verwandelt? Wie viel Raum für die Fantasie der Kinder, wie viel Möglichkeiten, das Gedicht von diesem Punkt aus weiter auszugestalten mittels Bildern, eigenen Geschichten usw.

Borchers' Gedicht regt zum Erzählen an

Wenn die Zeit kommt, da es morgens in den Schulklassen noch dunkel ist, weil „die Tage klein" werden, dann rücken nicht nur die Häuser, sondern sollten auch die Kinder mit der Lehrerin oder dem Lehrer etwas enger zusammenrücken und sich das Gedicht „erzählen".

BORCHERS' Gedicht ist erzählenswert, ist ein Erzählgedicht. Bereits die Eingangsformel „Es kommt eine Zeit …" erinnert an die formelhafte Wendung im Märchen „Es war einmal …". Dieser Gestus ist den Kindern bekannt, nicht zuletzt vom Vorlesen der Eltern, von Hörbüchern oder Hörfunksendungen, mitunter sogar noch aus Kindersendungen im Fernsehen. Sitzen alle Kinder zusammen, dann kann man dem Erzählgestus in BORCHERS' Gedicht vertrauen.

Wirkungsvoll ist es, wenn die Lehrerin oder der Lehrer das Gedicht auswendig spricht ähnlich der ursprünglichen Erzählsituation, wie sie das Kind früh erlebt hat und die es noch lange einfordert („Erzähl mal, wie es war, als ich ein Baby war." u.Ä.).

Nach wiederholtem Zuhören äußern sich die Kinder zum Gedicht, zu dem, was sie bewegt hat. Das können ähnliche Empfindungen wie die der Dichterin sein, Beobachtungen zur Jahreszeit, zu den Bäumen usw. Mitunter werden auch gleich die Märchen angesprochen, die man kennt oder nicht kennt und die man erzählt haben möchte. Das ist im Gedicht angelegt, und dem sollte man sich auch nicht verschließen, denn es heißt:

…
und jeder Abend
hat einen schönen Namen.

Einer heißt Hänsel und Gretel
Einer heißt Schneewittchen
Einer heißt Rumpelstilzchen
Einer heißt Katherlieschen
Einer heißt Hans im Glück
Einer heißt Sterntaler

Sinnvoll wäre es, sich mit den Kindern zu verabreden und für sechs Tage die Märchen in der von den Kindern gewünschten Reihenfolge einander zu erzählen. Vor jedem Erzählbeginn steht das Gedicht. Das lernt man auf diese Weise mit immer neuen Bildern zu füllen, weil jeder Tag einen anderen „schönen Namen" hat.

Variiert werden können nicht nur die Abfolge der Märchen, sondern auch die Erzähler und das Erzählmedium. Im Wechsel erzählen einzelne Schüler, der Lehrer, die Lehrerin. Einbeziehen sollte man die Hör-CD und den Märchenfilm, Medien, mit denen die Kinder häufig umgehen. Zu entdecken ist dabei die Wirkungsweise der einzelnen Medien auf uns und die Schüler. Darüber kann man sprechen und die Gefühle herausfinden, die wir beim Zuhören des Vortrags eines Märchens der Lehrerin oder des Klassenkameraden oder von der Hör-CD hatten. Wir beobachten, was anders beim Zuschauen des Films ist als beim Zuhören und wann wir uns am meisten an etwas erinnert haben.

Erzählen, so werden die Kinder herausfinden, erfordert einen intimen Umgang miteinander. Wir sind uns näher, schauen uns an, wir hören hin, wir sehen Bilder vor unserem inneren Auge. Der Märchenfilm präsentiert uns diese fix und fertig. Und dem Erzähler des Märchens auf der Hör-CD können wir nicht in die Augen schauen, und er achtet auch nicht auf unsere Zwischenfragen. Das aber tun die „lebendigen" Erzähler.

Der Vortrag des Erzählgedichtes wird zum Auslöser für das Erzählen und Zuhören über einen längeren Zeitraum. Der mitunter beobachtete krampfhafte Zugriff zu „Stilleübungen" in Grundschulklassen ist auf diese Weise überflüssig.

Folgt man BORCHERS' Gedicht, dann verbergen sich nicht nur die bereits genannten Märchen, die erzählt oder auch vorgelesen werden können, sondern auch Impulse für eigenes Erzählen in diesem Gedicht, denn:

Auf der Fensterbank
im Dunkeln
dass ihn keiner sieht
sitzt ein kleiner Stern
und hört zu.

Dieser kleine Stern weiß vielleicht noch andere Geschichten zu erzählen, beispielsweise über seine Herkunft, über seine Träume, über das nahende Weihnachtsfest u.Ä. Das könnte für eine vierte Klasse ein willkommener Schreibanlass sein. Auf diese Weise wird ein Gedicht der Auslöser für einen projektorientierten Unterricht, der weitere Kreise zieht:

- Anfertigen von Illustrationen oder Collagen zur ersten Strophe,
- Vorstellen von Märchenbüchern zu den im Gedicht genannten Märchen,
- Herstellen einer Tonaufnahme zu einem Märchen des Gedichts,
- Geschichten über die Herkunft oder die Träume des kleinen Sterns,
- Vorstellen anderer Gedichte von ELISABETH BORCHERS,
- Vortragen von Novembergedichten anderer Dichter in der eigenen oder einer anderen Klasse der Schule. (Vgl. S. 106, 112)

Das Ich im Gedicht mit den Kindern suchen

Das Gedicht von ELISABETH BORCHERS „November" erbringt – wie andere hier vorgestellte Gedichte – den Beweis, dass man nichts von außen auf die Begegnung mit Literatur aufsetzen muss, dass man den Texten, ihrem Reichtum und den Kindern vertrauen sollte. Dann entdeckt man, was schön an einem Gedicht ist oder warum es jemandem nicht gefällt.

Kindergedichte, so verdeutlicht das von BORCHERS, sind keine „Verkleinerungsform" von Lyrik, im Sinne von „nur" ein Kindergedicht!

Der skizzierte Weg der Begegnung mit dem Gedicht von BORCHERS zeigt die Intertextualität des Textes, d.h., der Text verweist auf andere Texte, ist mit anderen Texten auf eine besondere Weise verbunden. BRECHTS Gedicht „Der Rauch" ist genannt worden, die Märchen als eines unserer ältesten kulturellen Güter sind offensichtlich im Gedicht anwesend. Mit einem solchen Gedicht wird den Kindern kulturelle Vielfalt angeboten.

Die Entwicklung „der Bewusstseinsprozesse nimmt mit einem Dialog aus Worten und Gesten" seinen Anfang (VYGOTZKI zit. nach Rodari 1992, S. 90). Frühe und intensive Begegnungen mit literarischen Texten, mit Versen, Reimen, Sprüchen prägen auf entscheidende Weise diesen Prozess. Literatur ist eine Form des Erinnerns. Wer liest, hört, Verse selbst spricht, birgt in seinem Innern einen Schatz, der ein Leben lang verfügbar ist. Durch vielfältige Begegnungen mit Kunst und Literatur entstehen literarische Welten voller Farbigkeit, in der Kinder mit Lust und Freude, mit Trauer und Schmerz, aber immer genussvoll leben können. Diese Welten sind ohne Lyrik nicht denkbar, denn das „Kindergedicht ist ein Phänomen des Miteinanders" (GELBERG 1996, S. 248).

Das Miteinander hat viele Bezugspunkte. Es kann den Autor in seiner literarischen Tradition sehen, es kann sich auf die Textverweise beziehen, aber auch auf das Miteinander von Kindern und Lehrern bei der Begegnung mit einem Gedicht und auf das Sprechen des Kindes mit dem Gedicht selbst.

Jedes „Ged**ich**t, sooft Sie es kennen lernen, hat jedes Mal ein anderes Ges**ich**t. Und sooft es auch anders ist, immer enthält es das kleine ‚**ich**': Ich sehe, ich finde, ich fühle, ich werfe, ich rede, ich scherze, ich esse, ich träume, ich weine, ich bin … Halten wir fest, jeder für sich und ich für mich: Das Ich im Gedicht ist erkennbar meins und deins … Alles hängt mit allem zusammen: Wie und wo ich mich befinde. Wer ich bin. Und bin ich, der ich bin?"

(GELBERG 1996, S. 247 ff.)

Welche Chance für die Schule, den Kindern bei der Lösung dieser Fragen poetische Wegweiser an die Hand zu geben!

Den alten Mustern misstrauen – Fühmanns Gedichte erzählen Märchen neu

FRANZ FÜHMANN

Lob des Ungehorsams

Sie waren sieben Geißlein
und durften überall reinschaun,
nur nicht in den Uhrenkasten,
das könnte die Uhr verderben,
hatte die Mutter gesagt.

Es waren sechs artige Geißlein,
die wollten überall reinschaun,
nur nicht in den Uhrenkasten,
das könnte die Uhr verderben,
hatte die Mutter gesagt.

Es war ein unfolgsames Geißlein,
das wollte überall reinschaun,
auch in den Uhrenkasten,
da hat es die Uhr verdorben,
wie es die Mutter gesagt.

Dann kam der böse Wolf.

Es waren sechs artige Geißlein,
die versteckten sich, als der Wolf kam,
unterm Tisch, unterm Bett, unterm Sessel,
und keins im Uhrenkasten,
sie alle fraß der Wolf.

Es war ein unartiges Geißlein,
das sprang in den Uhrenkasten,
es wusste, dass er hohl war,
dort hat's der Wolf nicht gefunden,
so ist es am Leben geblieben.

Da war Mutter Geiß aber froh.
(FÜHMANN 1978, S. 46)

FÜHMANN, ein Dichter, der für Kinder und Erwachsene schrieb, hat sich lange Zeit den Märchen zugewandt, versuchte ihnen auf den Grund zu kommen und lobte die Weisheit der Märchen. Neben zahlreichen Nacherzählungen alter Mythen für Kinder, wie „Das Nibelungenlied" (1971), „Reineke Fuchs" (1972), „Prometheus" (1980), erzählte Franz Fühmann für Kinder einzelne Theaterstücke Shakespeares als Märchen (1969, 2007). Zu den bekanntesten Märchen aus der Sammlung der Brüder Grimm schrieb er Erzählgedichte. Da finden sich „Der Müller aus dem Märchen" (Rumpelstilzchen, 1978, S. 35), „Dornröschen" (Dornröschen, 1978, S. 37), „Die Prinzessin und ihr Frosch" (Froschkönig oder der eiserne Heinrich, 1978, S. 37) und das oben zu lesende Märchen „Lob des Ungehorsams" (1978).

Grundlage dieses Erzählgedichts ist das von den Grimms gesammelte Märchen „Der Wolf und die sieben Geißlein". Fühmann nutzt das den Kindern vertraute Märchenmuster mit den bekannten Personen: die sieben Geißlein, deren Mutter und der böse Wolf. Bekanntes soll helfen, den Kindern eine Brücke zu bauen zu Neuem, soll sie auffordern, hinter die Dinge zu schauen, den von den Erwachsenen aufgestellten Geboten wie den Aussagen der alten Texte zu misstrauen, es zu wagen, sich zu widersetzen. Das Erzählgedicht Fühmanns wird ein Gegenmärchen, der Widerhaken zum Nachdenken ist bewusst eingebaut.

Zunächst folgt Fühmann im Ablauf dem Märchengeschehen, wie es die Brüder Grimm überliefert haben: Da sind die sieben Geißlein, denen die Mutter etliches erlaubt, weil sie neugierig sind, denen aber auch Verbote erteilt werden. Bei Fühmann sollen sie nicht in den Uhrenkasten schauen, das könnte die Uhr verderben. Im Märchen der Grimms verbietet die Mutter Geiß ihren Kindern, dem Wolf die Tür zu öffnen. Der Wolf verstellt sich (verändert das Aussehen seiner Pfote, ändert die Stimme), und die Geißlein fallen auf den Verführer herein. Dass das Jüngste überlebt, verdankt es im Märchen dem glücklichen Zufall, der Flucht in den Uhrenkasten. Dem Zufall misstraut Fühmann. Darauf sollte man sich nicht verlassen. Besser ist es, man weiß genau über eine Sache Bescheid, so wie das jüngste Geißlein im Erzählgedicht bewusst den Uhrenkasten wählt, weil es seine Beschaffenheit als Versteck kennt. Da ist am Ende die Mutter Geiß froh über die Pfiffigkeit und den Ungehorsam ihres jüngsten Kindes. Der Leser auch. Der Titel des Gedichts erschließt sich an dieser Stelle. Anfang und Ende finden zueinander. Ohne dass es der Autor aussprechen muss, wird der Ungehorsam gelobt, definitiv geschieht das nur im Titel, aber alle wissen, worum es geht.

Das Erzählgedicht ist kunstvoll aufgebaut. Fünf Strophen, gegliedert in je fünf Verszeilen, geben dem Gedicht eine strenge Ordnung. Fühmann übernimmt den Erzählgestus des Märchens jeweils in den einführenden Verszeilen der einzelnen Strophen:

Es waren sechs artige Geißlein
Es war ein unfolgsames Geißlein.

Die jeweils ersten zwei Verszeilen der Strophen 1–3 reimen sich nicht am Ende, sondern im Inneren der Wörter, indem die Lautgruppen „ein" sich entsprechen (Binnenreim): Geißlein/reinschaun.

Im Eingangsvers der ersten Strophe des Gedichts weicht FÜHMANN von der formelhaften Wendung des Märchenduktus mit dem ersten Wort ab. „Sie waren ...", heißt es dort. Indem FÜHMANN die Märchenformel „Es war einmal ..." verlässt, weist er in seinem Gedicht über das Märchen hinaus.

„Sie waren ..." und nicht „Es waren ..." wie in allen folgenden Strophen. Damit entlässt der Autor den Leser aus der Märchenhoffnung mit dem vertrauten guten Ende, denn entgegen dem Grimm'schen Märchen überlebt nur das ungehorsame Geißlein. Dieser interpretatorische Ansatz erschließt sich erst, wenn man das Gedicht wiederholt liest. Der Widerhaken gegen das allzu Gewohnte, Glatte ist im Auftakt verankert. Dazu passt dann auch die Überschrift: Lob des Ungehorsams.

Gelobt wird, was man sonst in der Erziehung tadelt, der Ungehorsam. FÜHMANN, der im Zweiten Weltkrieg die Folgen des unbedingten Gehorsams bitter zu spüren bekam, möchte die Kinder zu mündigen Bürgern erzogen wissen. Er will ihnen an den alten Texten zeigen, dass einmal erworbene Muster keine Gültigkeit für alle Zeiten besitzen, sondern dass man sie überprüfen muss je nach Sachlage, dass man Bescheid wissen muss.

Untersucht man im Weiteren das Gedicht vom Schriftbild her, dann zeigt sich, dass das fünfstrophige Gedicht mit je fünf Verszeilen an zwei Stellen durch eine alleinstehende Verszeile unterbrochen wird:

Dann kam der böse Wolf.

und

Da war Mutter Geiß aber froh.

Inhaltlich sind das die markanten Punkte, die dem Erzählgedicht Dramatik verleihen und dem Leser den Atem stocken lassen, weil er wissen will, was jetzt geschieht. Alles, so denkt und weiß der junge Leser, ist möglich, wenn es im Text heißt: „Dann kam der böse Wolf."

Die zweite Abweichung in der Textstruktur, „Da war Mutter Geiß aber froh" bringt für den Leser/Hörer die vom Märchen erwartete Entlastung. Der Ungehorsam wird nicht bestraft, denn die Mutter ist froh, dass das Kind überlebt hat.

Allerdings stellen sich, anders als im Märchen, wo das Böse radikal aus der Welt geschafft wird und es dazu keiner Nachfrage bedarf, zu diesem Ende Fragen:

- Wieso müssen die anderen sechs Geißlein sterben?
- Hätten sie etwas anders machen müssen, um zu überleben?
- Erhält der Wolf noch eine Strafe?

- Warum hat FRANZ FÜHMANN das Märchen so enden lassen?
- usw.

In der Begegnung mit dem Gedicht sollte man stets die Reaktionen der Kinder beim Lesen, Sprechen oder Zuhören als Impuls für ein Gespräch nutzen. Denkbar wäre es auch, den Kindern Zeit zu geben, sich mit dem Gedicht auf ihre Weise ohne Aufgabenstellung beschäftigen zu dürfen. FÜHMANNS Gedicht trägt parabelhafte Züge, allzu vieles Reden darüber wirkt moralisierend und überlagert die Gedanken der Kinder.

Erzählen und Schreiben von Gegentexten

Wege einer tieferen Betrachtung des Erzählgedichts können je nach Befähigung der Kinder (auch binnendifferenziert einsetzbar) Impulse zum Erzählen und zum eigenen Schreiben sein. Die in FÜHMANNS Gedicht hervorgehobenen Einzelverse bieten einen Erzähl- wie einen Schreibanlass, wobei die erste Zäsur im Gedicht „Dann kam der böse Wolf" die Fantasie der Schüler besonders beflügelt. Das ist ein willkommener Anlass, die Kinder Vermutungen anstellen zu lassen, was „dann" geschah. Die Lehrerin könnte von vornherein das Gedicht nur bis zu dieser Stelle sprechen, dann abbrechen, die Reaktionen der Kinder abwarten. Die Kinder können den Fortgang erzählen, aber auch aufschreiben. Letzteres bietet insgesamt eine größeren Reichtum an Lösungen an, weil man nicht anderen, sondern den eigenen Gedanken folgt.

Um die Geschichte weiterschreiben zu können, muss man das Gedicht bis zu dieser Textstelle sehr genau lesen (ein vorbereitetes Arbeitsblatt könnte, gefaltet, den Kindern übergeben werden, sodass sie den Text nicht vorher bereits in seiner Gänze kennen).

Die Ergebnisse werden zuerst in einer Schreibkonferenz „bearbeitet", später allen vorgetragen und mit dem Original verglichen. Der Lehrer kann FÜHMANNS Gedicht noch einmal im Ganzen sprechen und die Textstellen, nachdem der Wolf kam, wiederholt vortragen. Gut wäre es, das gesamte Gedicht optisch auf Folie oder auf einer großen Tafel für alle parat zu haben. Im Wechsel ergänzen besonders gelungene Fortsetzungen das Gedicht FÜHMANNS.

Die Schüler dürfen für das Schreiben die Form einer Erzählung, aber auch den Erzählgestus des Gedichts aufgreifen.

Das Gespräch über die Lösungen der Kinder gibt uns Einblick in ihr Wünschen und Hoffen und den Kindern selbst Vertrauen in ihre Gestaltungsmöglichkeiten.

Wie eingangs angedeutet, hat FÜHMANN zu verschiedenen bekannten Märchen der Brüder Grimm einen Gegentext geschrieben. Man könnte sie nach eigenem Gutdünken den Kindern vorlesen oder vorsprechen und ihnen die Möglichkeit einräumen, Unterschiedliches von einem Dichter zu hören, ohne dass mehr darüber gesprochen werden muss.

Es wäre aber auch denkbar, das jeweilige Märchen dazu erzählen oder vorlesen zu lassen oder den Kindern den Impuls zu geben, es zu Hause oder in der Freiarbeit zu lesen. Im Prozess der Lektüre vergleichen die Kinder die Verserzählung mit dem „richtigen" Märchen. Der Vergleich regt zum Nach-Denken an. Das Märchen der Brüder Grimm erscheint durch den Gegentext in einem anderen Licht. Zwanglose Gespräche mit einzelnen Schülern, vielleicht in einer Gruppe, schließen sich an. Zieht man JANOSCHS Gegenmärchen zu denen der Brüder Grimm heran, eröffnen sich neue Sichtweisen auf die Möglichkeiten der Literatur und für manchen Leser die Chance, eines dieser Märchen zu lesen.

Für eine vierte Klasse gleichfalls geeignet ist FÜHMANNS Erzählgedicht „Die Prinzessin und der Frosch" (bezogen auf Grimms Märchen „Der Froschkönig oder der eiserne Heinrich"). (Siehe Gedicht S. 56)

Für die Kinder kann man nicht alle Schichten dieses Gedichts aufschließen, dennoch bleibt es dem Märchen der Brüder Grimm und damit dem Verständnis der Leser/Hörer nahe.

Die Varianten zum Grimm-Märchen, die Abweichungen machen den Reiz des Zuhörens aus. Nicht alle Figuren treten im Märchen der Brüder Grimm auf, FÜHMANN schmückt die Parallelhandlungen in der Abfolge aus. Der Reiz liegt in der Wiederkehr der Dialoge, in der Pause, gezeichnet durch den Gedankenstrich, und in der Hoffnung des Zuhörers oder Lesers, die Mutter, der Bruder, der Herrgott würden eingreifen und der Prinzessin helfen. Nichts dergleichen. Sie muss sich selbst helfen, dann ist der Prinz erlöst. Sie auch, aber das steht nicht im Gedicht, nur in unseren Gedanken. – Ein Erzählgedicht, das auf den kritischen Leser hofft, ihn herausfordert.

Der Erwachsene assoziiert an verschiedenen Stellen Bezüge zu Volksweisheiten (Hilf dir selbst, sonst hilft dir …), zu Volksmärchen andrer Völker (Prinzessin Kröte, Ungarische Volksmärchen 1975, S. 34 ff.) u. Ä. So bietet das Gedicht an verschiedenen Stellen Reibungsflächen, dazwischenzugehn, es mit eigenen Gedanken zu ergänzen, auf die Unterschiede zwischen Märchen und Gedicht aufmerksam zu machen.

Diese von FÜHMANN beabsichtigte Wirkung sollte man nutzen und das Gedicht so vortragen, so sprechen, dass man Pausen zum Mit- und Nachdenken und Hineinreden lässt. Auf diese Weise können die Kinder ihre

Märchenkenntnis einbringen. Der Gedankenstrich in FÜHMANNS Versen signalisiert dem Vortragenden die gewünschte Denkpause.

Die Prinzessin und der Frosch

Und der Frosch ritt grün in den Krönungssaal
auf einer Spur aus salzigem Schleim,
und sein Maul war nass und schwarz.
„Hilf, Vater!" –
„Du hast dein Wort gegeben,
Froschkönigs Frau zu werden,
ich kann dir nicht helfen, mein Kind!"

Und der Frosch ritt der Prinzessin voran
und ritt hinein in ihr Schlafgemach,
und sein Maul war nass und schwarz.
„Hilf, Mutter!" –
„Du hast dein Wort gegeben,
Froschkönigs Frau werden,
ich kann dir nicht helfen, mein Kind!"

Und der Frosch, er sprang auf das seidene Bett
und nahm die Prinzessin bei der Hand,
und sein Maul war nass und schwarz.
„Hilf, Bruder!" –
„Du hast versprochen, Froschkönigs Frau zu werden,
ich kann dir nicht helfen, mein Kind!"

Der Frosch, er schlüpfte unter die Deck
und winkte die Prinzessin zu sich,
und sein Maul war nass und schwarz.
„Hilf, Herrgott!" –
„Du hast dein Wort gegeben,
Froschkönigs Frau zu werden,
ich kann dir nicht helfen, mein Kind!"

Da schrie die Prinzessin: Ich bin ein Mensch,
und hilft mir keiner, so helf ich mir selbst;
und sie warf den Frosch aus dem Fenster hinaus.

Da war der Prinz erlöst.
(FÜHMANN 1978, S. 39)

Auch der Schluss des Gedichts fordert Weiterdenken:
* Wieso ist der Prinz erlöst, wieso nicht der Frosch?
* Und die Prinzessin, die sich so vor dem Maul, nass und schwarz, gegrault hat, dass sie alle Welt um Hilfe anrief, was wird sie tun?
* Wie endet das Märchen, wie würdet ihr das Ende gestalten?

Die letzte Frage könnte der Anlass sein, einen eigenen Schluss zu schreiben. Denkbar wäre auch, von allen Schülern einen einzigen Schluss-Satz zu erbitten und diesen auf ein gefaltetes Endlosblatt zu schreiben und anschließend reihum vorzulesen. Das bereitet Spaß und macht allen deutlich, wie weit und tief die Märchenmuster prägen – oder auch nicht.

❖ **Gedichte lesen, zu ihnen malen, sie sprecherisch gestalten, Verse selber schreiben**

BERTOLT BRECHT

Der Pflaumenbaum
Im Hofe steht ein Pflaumenbaum
Der ist klein, man glaubt es kaum.
Er hat ein Gitter drum
So tritt ihn keiner um.

Der Kleine kann nicht größer wer'n.
Ja, größer wer'n, das möcht er gern.
's ist keine Red davon
Er hat zu wenig Sonn.

Den Pflaumenbaum glaubt man ihm kaum
Weil er nie eine Pflaume hat
Doch er ist ein Pflaumenbaum
Man kennt es an dem Blatt.
(BRECHT 1981, S. 647)

Vom Zugang der Kinder zu einem Gedicht von Brecht

Größer werden möchte nicht nur der kleine Pflaumenbaum, sondern möchten auch Grundschulkinder.

Der Gedanke des Wachsens und Reifenwollens durchzieht das Gedicht, ist einer seiner Leitgedanken, den Kinder erfassen, weil BRECHT mit der Sicht auf den kleinen Baum sie selbst in ihrer Befindlichkeit anspricht.

Allzu oft hören Kinder im Alltag: „Dafür bist du noch zu klein!" Sie spüren es auch, wenn der Schulbus zu hohe Stufen hat, die Klingel an einer Haustür zu weit oben ist, die oberen Regale in der Wohnung nur mithilfe eines Stuhls erreichbar sind. All das ist ein Grund, unbedingt größer werden zu wollen, von den abendlichen Zeremonien, so lange wie die Großen aufbleiben zu dürfen, ganz zu schweigen. Kinder erfahren, wie langsam man wächst, wie lange es dauert, bis man zu den Großen gehört.

Ihre Sympathien bei der Begegnung mit diesem Gedicht liegen deshalb bei dem kleinen Baum, und es stellt sich sofort die für Kinder existenzielle Frage, warum „der Kleine ... nicht größer wer'n *(kann)*".

Mit der Wahl des Baumes greift BRECHT eines der ältesten Motive der Literatur auf, den Baum als Symbol des Lebens. Das Bild vom Pflaumenbaum, das die Überschrift zunächst hervorruft, appelliert in besonderer Weise an die Vorstellungswelt der Kinder, bezieht verschiedene Sinne ein: Erinnert wird das Schmecken der Süße von Pflaumen, die Farbe eines besonderen Blau. Man spürt wärmende Sonne und Licht auf der Haut.

Die Spannung des Gedichts, die Provokation für den jungen Leser/Hörer erwächst bei BRECHT einerseits aus den erinnerten Vorstellungsbildern und andererseits aus der Sicht des Beobachters, der den kleinen Pflaumenbaum im Hofe aufmerksam betrachtet hat und uns dessen Lage schildert. Die Verunsicherung, die die Gegensätze hervorrufen, macht die Kinder produktiv. Sie wollen wissen, warum der Kleine nicht wachsen können soll und, wie die erprobten Unterrichtsbeispiele zeigen, sie wollen die Situation des Baumes verändert wissen.

Von den gegensätzlichen Bildern, den erinnerten, den gehörten, selbst nachgelesenen im Text bis zu den Vorschlägen der Kinder zur Veränderung der Lage des Bäumchens ist es nur ein kleiner Schritt. BRECHTS widersprüchliches „Zündkräutlein" regt zum Nachdenken an.

BRECHT schrieb während seines gesamten lyrischen Schaffens auch Gedichte für Kinder. So entstanden in den 20er Jahren die „Kranlieder", die „Wiegenlieder für eine proletarische Mutter", eine Gruppe von „Kinderliedern" in der Zeit der Emigration und „Neue Kinderlieder" nach seiner Rückkehr in die DDR.

Für BRECHT waren Kinder Partner, lebend in einer Welt mit den Erwachsenen – selten in einer heilen –, aber immer auf direkte Weise von den Problemen der Zeit betroffen. Angestrebt ist in BRECHTS pädagogischem Wollen ein Erwachsenen-Kind-Verhältnis, das auf Verstehen und auf ein Miteinander setzt zwischen den Großen und den Kleinen, das den Kindern Frei-Raum gibt für ihre Entfaltung, denn: Größer wer'n, das wollen sie gern. Sie müssen es ja auch, wie BRECHT schreibt:

> „Das Kind, es kann nicht klein bleiben/Auch wenn es selber wollt/Das ist, warum es so laut ruft/Dass ihr ihm Milch geben sollt."
>
> (BRECHT 1965, S. 6)

Das Gedicht „Der Pflaumenbaum", häufiger als andere BRECHT-Gedichte in Lesebücher aufgenommen, schrieb BRECHT 1934 in der Emigration neben Gedichten, wie „Der Schneider von Ulm" und „Vom Kind, das sich nicht waschen wollte". (BRECHT 1981, S. 645 f.) Für das Grundschulkind heute sind der historische Zugang und eine dementsprechende Rezeption nicht in erster Linie bedeutsam. Untersuchungen zeigen, dass Kinder sich Gedichten, deren Entstehungszeit weiter zurückliegt, unbefangen nähern, wenn das Gedicht mit ihrem Leben etwas zu tun hat und wenn man ihnen den Zugang zum Gedicht nicht „akademisch" verbaut. BRECHTS „Pflaumenbaum" trifft die Befindlichkeit der Kinder, indem ihre existenziellen Fragen direkt angesprochen werden: ihre eigenen Wachstumsmöglichkeiten und die der Bäume, der Tiere, der Pflanzen in ihrer Lebenswelt, also die ökologischen Bedingungen der heutigen Welt.

Das Bild verstehen wollen: „Ein Pflaumenbaum ohne Sonn!"

Da der kleine Baum bei der ersten Begegnung der Kinder mit dem Gedicht (Vortrag des Lehrers) ihre Sympathien hatte, wurde von der Lehrperson vorgeschlagen, dem Gedicht zusätzlich eine eigene Überschrift zu geben und es mit dieser Überschrift vorzulesen. Die Aufgabe kann in Gruppenarbeit gelöst werden. Dann haben mehrere Kinder die Chance, aus dem Gedicht vorzulesen bzw. es vorzusprechen. Auf diese Weise kann man Gedichte zum Klingen bringen und hat zusätzlich den „Ohrwurm-Effekt", sodass man es dabei bereits in Teilen auswendig kann, ohne es extra lernen zu müssen.

Das Vorlesen/Vorsprechen des Gedichts, einzelner Strophen mit einer eigenen Überschrift führt zu einer ersten Schicht des Verstehens, was sich z. B. in folgenden Überschriften ausdrückte:

Der kleine Baum
Der Baum im Hofe
Ein Pflaumenbaum ohne Sonn
Ein Pflaumenbaum ohne Pflaumen
Der pflaumenlose Baum.

Beim Vorlesen versuchten die Kinder, ihre Haltung zum Baum sowohl durch die gefundene Überschrift als auch durch die damit verbundene Les- und Sprechart zum Ausdruck zu bringen. Betont wurde beim Vortrag – ohne Lehrervorgabe –, was den Kindern das Herz bewegt hat, wie die Hervorhebungen in den Beispielen zeigen:

Der ist **klein**/ein **Gitter drum/größer wer'n/möcht** er gern/zu **wenig Sonn/nie** eine Pflaume hat/**ist** ein Pflaumenbaum/an dem **Blatt**.

Da sich Brecht in seiner Lyrik aller Formen bediente, welche die Gattung insgesamt bietet, nutzt er das auch im Kindergedicht. Das betrifft den Sprachgestus und die Gesten in seinen Gedichten.

Für die Kinder im südlichen Sprachraum ist es ein Vergnügen zu entdecken, wie dicht der Dichter an ihrer mundartlichen Redeweise „dran" ist (für die anderen darf man darauf hinweisen, dass Brecht aus Bayern kam und die Leute dort etwas anders im Alltag sprechen als anderswo), wenn es heißt:

Er hat zu wenig Sonn
s' ist keine Red davon.

Das sind Mittel des Dichters, mit denen er bewusst die Nähe seiner jungen Leser/Hörer sucht, um ihnen über das Vertraute neue Sachverhalte zu vermitteln. Dazu zählen in diesem Gedicht auch die liedhafte Form, der einfache, eingängige, singbare Reim und Rhythmus des Gedichts.

In einem Gespräch darüber, wo der Baum des Gedichts in der Umgebung der Kinder stehen könnte, entwarfen sie Bilder, die mit ihren eigenen Erfahrungen zu tun hatten. Die Zuhörenden sahen plötzlich den kleinen Pflaumenbaum „in der großen Stadt" oder „auf dem dunklen Hof mit Hochhäusern ringsum" oder „inmitten der Müllberge im Hof" usw. Kritisch genannt wurde von einigen auch der „Schulhof" mit „viel Beton" ohne „Grün" und mit Bäumen, die „durch Steine eingeschnürt werden". Das Gespräch der Kinder über den kleinen Baum gestaltete sich zu einer Diskussion über ihre ureigenen Fragen. Die Lehrerin gab Impulse. Ihre Meinung wurde wie die anderer gehört und regte zum Weiterdenken an. Neben kognitiven Denkprozessen zeigen die Kinder Wege, die durch ihr Herz gehen und den Willen zum Verändern spüren lassen.

Die Kinder verglichen ihre Vorstellungsbilder vom Gedicht mit dem Bild ihrer realen Umwelt. Sie sind kognitiv, emotional und motivational in der Welt des Gedichts und entwerfen Bilder für ihre eigene Umwelt. Probehandeln, selbstständiges Tun ist angesagt, das den Irrtum einschließen darf, weil nur so Veränderung möglich ist.

Da die Kinder, wie sich in den Untersuchungen zeigte, die Situation des kleinen Baumes bereits durch das mehrfache Sprechen einzelner Strophen aus der Sicht ihrer eigenen Überschriften erfasst hatten, drängten sie von selbst danach, die Situation des Baumes zu verändern. Die geradezu klassische Aufforderung eines Kindes: „Verpflanzen wir den Pflaumenbaum!" (sie darf auch vom Lehrer kommen) führte dazu, eingreifendes Denken und Handeln zu erproben.

Aufforderung zum Handeln: Verpflanzen wir den Pflaumenbaum!

Ausgangspunkt für die „Verpflanzungen" waren die oben angedeuteten Vorstellungsbilder der Kinder über den Standort des Pflaumenbaumes. Von hier aus öffneten sich Möglichkeiten für individuelle Lernwege und standen sich Didaktik, Vergnügen und Genuss im Umgang mit einem Klassiker nicht im Wege, denn alle wollten den Pflaumenbaum verpflanzen. Als „Pflanzhilfe" kann der Lehrende Angebote machen für individuelle wie für Gruppenarbeit, um die Situation des Baumes zu verändern:
- Malen eines neuen Pflanzortes,
- Schreiben eigener Verse darüber,
- Verdeutlichen der Situation des Baumes im Gedicht durch sprachsprecherische Gestaltung. (Vgl. S. 102 ff.)

Letzteres setzt auf den Zuhörer, der zum genauen Hinhören und zum Verändernwollen in seiner Umwelt aufgerufen werden soll. Die intensivste Form dieser Auseinandersetzung mit dem Thema mündete im Unterricht im Sprechen des Gedichtes als Sprechchor auf einer Demonstration. Die Idee war von einer Schülergruppe selbstständig entwickelt worden. Sie zeigt, dass selbst Chorsprechen, wenn es vom Inhalt und vom Anliegen her trägt, im Unterricht eine Funktion haben kann.

Die Arbeiten der Kinder verweisen darauf, wie kreativ sie sich der Aufgabe gestellt haben und wie das Anliegen des Gedichts verwirklicht wird, indem die eigenen Lebenswünsche und das Weltwissen zusammenfinden.

Zeichnungen – Hilfen zum tieferen Verstehen

Auf den Zeichnungen der Kinder tragen fast alle Pflaumenbäume große, blaue Pflaumen. Die hat der Dichter ihnen in den Mund gelegt, obwohl der Pflaumenbaum nie eine Pflaume hatte. Doch, und BRECHTS optimistischer Schluss-Satz wird von den Kindern ernst genommen, „er ist ein Pflaumenbaum/man kennt es an dem Blatt".

In den Zeichnungen der Kinder wird der Baum produktiv verwandelt: Auf Miriams Bild sind die Pflaumen apfelgroß (Abb. oben).

Jedes Bild ist anders, aber überall findet sich Sonne und Weite und Wiese, grüne Wiese. Dazu Bach oder Teich, die Elemente, die für Wachstum notwendig sind. Interessant ist, dass die Kinder sich selbst in die Zeichnungen mit hineinnehmen oder Attribute malen, die auf sie verweisen: Ball, Schaukel, Wippe.

Auf Friederikes Bild ist das alles vereint. Damit wir ihre Sehnsucht auch richtig verstehen, schreibt sie an den Bildrand: Der Pflaumenbaum auf dem Spielplatz. Die Poesie erscheint als Hilfe beim Verändernwollen der Welt des Baumes im Gedicht und der eigenen Welt (Abb. unten, Ausschnitt).

Friederikes Idee macht Schule, und so erhalten alle Zeichnungen Überschriften, die den neuen Standort näher kennzeichnen sollen: Der Pflaumenbaum auf der Wiese/Im Obstgarten/Im Paradies/Im Englischen Gar-
ten/In der Baumschule. Ein Junge betitelt sein Bild: „Zu dritt lebt's sich
besser!", und zeichnet auch drei beieinanderstehende Pflaumenbäume.
Eine Botschaft, die über den Text hinausreicht und auf eigene Befindlichkeit aufmerksam machen möchte.

So bekommen die Zeichnungen eine eigene Sprache, einen Raum, der sich
nach verschiedenen Seiten öffnet und der es dem Lehrenden erlaubt, Einblicke in Wünsche und Vorstellungen seiner Kinder zu nehmen. In der
vergleichenden Betrachtung zwischen dem Baum im Gedicht und den eigenen Erfahrungen zu diesem Problemkreis, der über den Baum hinaus-
weist, liegt der Gewinn für den Einzelnen. Hier liegt auch die Freiheit
seines Tuns. (Vgl. S.102)

Schreib-„Versuche" – frei nach Brecht

Wer die Wortbilder mehr liebt als die gezeichneten Bilder, kann nach der
Vorlage selbst versuchen, *Verse* zu *schreiben*. Das kann ein *Gegengedicht*,
eine *Gegenstrophe* sein, in dem nur Teile verändert werden entsprechend
der Verpflanzungsidee, wie das Beispiel zeigt (Originalfassung):

> Im Garten steht ein Pflaumenbaum
> der ist kross man glaubt es kaum
> er hat ein kleines bet herum
> da tritt ihn keiner um.
> (MARKUS)

Möglich ist auch, einzelnen *Elementen der Form eines Gedichts* zu folgen
und in einer neuen Strophe einen eigenen Inhalt zu geben. So schreibt
Sebastian:

> Nun hat er Freiheit der Baum
> Er glaubt es selber noch kaum.
> Auf einer Wiese seht
> wie es ihm jetzt geht
> Er steht auf einer Wiese

> kein Licht nimmt ihm eine Markise,
> oder ähnliches
> er kennt nicht mehr so
> etwas dämliches
> (SEBASTIAN)

Deutlich wird, wie durch das mehrfache Sprechen des Gedichts sich die Klanggestalt (der auffällige Paarreim) bei den Kindern eingeprägt hat, sodass Sebastian dieses Formelement mühelos für seine Idee nutzen kann.

Denkbar ist auch, *das Gedicht weiterzuschreiben*, um Strophen, um eine Strophe zu ergänzen, wie Moritz das gemacht hat:

Man hat den Pflaumenbaum umgepflanzt,
jetzt ist er nicht mehr zwischen Mauern verschanzt.
Jetzt ist nicht mehr allein
und auch nicht mehr klein.
Jetzt hat er viel Freiheit und Raum
und ist ein wahrer Pflaumenbaum.
Er steht nun auf einer Wiese,
er ist jetzt ein wahrer Riese.
(MORITZ)

In der Lyrik wird semantisch Bedeutsames verstärkt durch Wiederholung. Moritz verweist mit seinem Wort „Jetzt" darauf, dass ihm die Veränderung wichtig ist.

Bis in den Gestus folgen die Kinder BRECHT und gehen dennoch in ihrem aktuellen Verstehen über ihn hinaus.

In Moritz' Gedicht sind die „„Mauern" gefallen, der Baum ist „nicht mehr allein". Zeitwissen eines 10-Jährigen (Moritz schrieb den Vers 1992), das sich in Konfrontation mit dem Gedicht eines „Klassikers" niederschlägt.

Eine Gruppe Kinder versuchte, sich *dem Gedicht sprecherisch* zu *nähern*, um die Botschaft vom bedrängten Baum anderen zu übermitteln. Um zu entdecken, was man mittels *Stimmführung, Lautstärke, Mimik* und *Gestik* alles an der Aussage eines Gedichts herausfinden kann, braucht es die Hilfe des Lehrenden, vor allem, wenn man auf diese Weise zu arbeiten beginnt. Vergnügen bereitete es den Kindern, den Grundgestus des Gedichts zu verändern wie weiter oben bereits angedeutet. (Vgl. S. 105)

Immer entdeckte man etwas Neues am Gedicht. Besonders beliebt war das Aufteilen der einzelnen Strophen in Verse, die von je zwei Kindern gesprochen wurden. Ausprobiert wird auf diese Weise, wie man mittels eines Gedichts Haltungen zeigen kann, wie sich diese im Gestus verändern, wenn zwei miteinander flüstern, geheimnisvoll sprechen, ihre Wut hinausschreien oder nachdrücklich Wichtiges über die Not des kleinen Baumes verkünden, um andere zum Handeln aufzufordern.

Die Unterstützung des Gedichtvortrags durch Mimik und Gestik lassen diesen zur Inszenierung werden, was man mit der Videokamera aufnehmen und als Film dann vorführen kann. Dabei erzieht man ganz im Sinne BRECHTS zum genauen Hinsehen, zur Kunst des Zuschauens.

Das Präsentieren der Ergebnisse der einzelnen Gruppen,
* die Zeichnungen mit ihren Überschriften,
* die eigenen Verse, die vorgelesen wurden, auch gedruckt werden und allen geschenkt werden dürfen,
* und das unterschiedliche Vorsprechen des BRECHT-Gedichtes, gestisch verfremdet, machten den Unterricht zur literarischen Veranstaltung, in der die aktuelle Situation der Kinder und der Dichter präsent waren.

Angeregt wurden die Kinder in dieser Unterrichtseinheit,
* ihren Zugang zum Gedicht selbst zu wählen,
* ihr Vorstellungsbild zum Gedicht mit ihrer Umwelt und mit ihren Träumen von Welt zu vergleichen und ihr eigenes Weltbild vor- und darzustellen,
* in eine Beziehung von Außen- und Innenwelt mittels unterschiedlicher Tätigkeiten zu treten.

❖ **Gedichte inszenieren**

Rollen finden, lesen und sprechen

Will man Gedichte inszenieren oder Gedichte spielen, setzt das eine bestimmte Art von Gedichten voraus. Dazu gehören vornehmlich Rollengedichte und Balladen, in denen verschiedene Figuren agieren und dialogisch miteinander sprechen. In der Kinderlyrik finden sich vielfältige Rollengedichte, unterschiedlich in Inhalt und Form. Die Autoren dieser Gedichte wissen um den Spieltrieb der Kinder, um ihren Nachahmungsdrang und kommen ihnen auf diesem Weg entgegen. Neben BRECHTS bekanntem Rollengedicht „Die Vögel warten im Winter vor dem Fenster" (1981, S. 971 f.) entdeckt man in Lesebüchern und Anthologien Rollengedichte von GUGGENMOS, wie das später folgende, und das für Kinder reizvolle, obwohl schon ältere Gedicht „Im Winter" von VICTOR BLÜTHGEN. (Siehe Gedicht S. 66). (Vgl. S. 102, 105 ff.)

Ein Gedicht, das Kinder sofort verstehen, das sie mögen und an das sich Generationen erinnern, zumindest an die Verszeile: „Zum Fraß, zum Fraß,

zum Fraß." Ein Gedicht, das sich an die Kinder wendet und sie über die
Rollen der beiden Mädchen direkt einbezieht.

VICTOR BLÜTHGEN

Im Winter

Der Rabe sitzt auf einem Zaun,
Zwei kleine Mädchen stehn und schaun,
Sie stehn im Schnee und wundern sich:
„Schön guten Tag, wir grüßen dich,
Herr Rab, Herr Rab, Herr Rab.

Du schwarzer Rab, du Tintenfass,
Komm mit zur Schul und lerne was!"
„Was soll ich denn zur Schule gehn?
Ich sing ja schon so wunderschön:
Krr, rab, krr, rab, krr, rab!"

„Komm mit, hier ist die Welt verschneit,
So nähn wir dir ein warmes Kleid."
„Nicht Schnee noch Kälte macht mir Harm,
Ich hab ein Röcklein, weich und warm,
So schwarz, so schwarz, so schwarz."

„Du alter Rab, du putzig Tier,
Was willst du denn im Dorfe hier?"
„Mein Magen knurrt, ich leide Not,
Gebt mir ein Stücklein Vesperbrot
Zum Fraß, zum Fraß, zum Fraß!"
(BLÜTHGEN 1970, S. 104)

Beschrieben wird eine winterliche Situation, in der zwei kleine Mädchen
einem Raben auf ihrem Schulweg mitten im Winter begegnen. Wenngleich
Raben, heute selten geworden, durch ihre Verwandten, die Krähen, abge-
löst werden, können sich die Kinder die Situation vorstellen. Häufig beobachten sie, wie Krähen nachmittags auf dem Schulhof, der Mülldeponie
und Ähnlichem nach Futter suchen. Sie fallen den Kindern auf, weil sonst
kaum noch etwas in der winterlichen Jahreszeit kreucht und fleucht.

Damit trifft das Gedicht auf Erfahrungen der Kinder, die im szenischen
Lesen (Szenerie vor der Klasse, unterstützt durch Gestik, Mimik, Hinwendung zum Gegensprecher usw.) oder im Lesen mit verteilten Rollen eingebracht werden können.

Das Gedicht, bestehend aus vier Strophen, ist in Paaren gereimt (Zaun/ schaun, sich/dich usw.), was sich leicht sprechen und merken lässt. Die letzte Verszeile jeder Strophe steht allein, ist eine sogenannte Waise (eine sich nicht reimende Zeile). Dennoch prägt sich die letzte Strophe besonders leicht ein, weil alle vier Waisen durch die Assonanzen auf „a" klanglich hervorstechen. Das Gedicht regt zum Nachsprechen beim Vortrag des Lehrers, der Lehrerin, auch zum Mitsprechen an. Alles Inhaltliche sollte deshalb ersprochen, nicht erredet werden.

Dafür bietet das Gedicht verschiedene Rollen an: den Sprecher, die Mädchen, den Raben. Der Sprecher (ähnlich einem Erzähler im Märchen) führt lediglich mit den ersten drei Verszeilen in die Geschichte ein, wenn er sagt:

Der Rabe sitzt auf einem Zaun,
Zwei kleine Mädchen stehn und schaun,
Sie stehn im Schnee und wundern sich:

Dann gibt er den Part ab und an die Mädchen weiter. Die führen ein Gespräch mit dem Raben. Sie fordern ihn auf, mit zur Schule zu kommen oder sich wenigstens ein Kleid nähen zu lassen, weil die Welt verschneit ist.

Auf Rede folgt Gegenrede – ein schöner Wechselgesang zum Ausprobieren verschiedener Sprecher. Das sollte der Weg zu diesem Gedicht sein.

Um mit den Schülern einer zweiten Klasse z. B. die verschiedenen Rollen herauszufinden, könnte das Gedicht mit Vignetten versehen werden, die die einzelnen Sprecher verdeutlichen: der Rabe, zwei Mädchen, ein Sprecher – vom Lehrer vorbereitet oder von den Kindern selbst zeichnen, ausmalen und ausschneiden lassen. Auf einem zweiten Blatt liegt das Gedicht vervielfältigt für jeden Schülern bereit. Dabei ist es sinnvoll, zwischen den Versen der einzelnen Sprecher größere Lücken zu lassen. Jetzt können die Schüler selbstständig oder mit dem Partner die Vignetten den Versen zuordnen, diese aufkleben.

Sollen Sprecher und Vignette übereinstimmen, muss man die einzelnen Verse wiederholt lesen oder vor sich hin sprechen. Das kann auch unter Anleitung geschehen. Stimmt alles überein, werden die Rollen verteilt. Es sollten möglichst viele Kinder zum Sprechen kommen. Viel Spaß bereiten die Assonanzen im jeweils letzten Vers der einzelnen Strophen:
Herr Rab, Herr Rab, Herr Rab.
Krr, ab, krr, ab, krr, ab!
So schwarz, so schwarz, so schwarz.
Zum Fraß, zum Fraß, zum Fraß.

Beim wiederholten Sprechen dieser Verszeile kann es in einer zweiten Klasse passieren, dass plötzlich mehrere Raben in die Rolle schlüpfen. Geschieht das nicht von allein, setzt man einen „Chor" zum Mitsprechen der letzten Verszeile ein, weil auf diese Weise Gestaltungselemente der Lyrik den Kindern vertraut werden, auf die man in späteren Klassen zurückgreifen kann.

Die optische Aufgliederung eines Rollengedichts in seine sprechenden Personen mittels Vignetten oder die Bezeichnung der einzelnen Sprecher ist ein möglicher erster Schritt, andere geeignete Gedichte für das szenische Interpretieren in der Grundschule vorzubereiten. (Vgl. S. 102)

Manche Gedichte bieten mittels didaktisch-typografischer Gestaltung bereits vom Schriftbild her die Aufforderung zum Lesen mit verteilten Rollen oder zum szenischen Lesen an, wie REINER KUNZES Gedicht „Die Sonntagmorgenmeise".

Zwiegespräche regen zum szenisches Lesen an

REINER KUNZE

Die Sonntagmorgenmeise
Die Meise hat aufs Dach gepickt.
So?
Die Meise hat mich wachgepickt.
Und dann?
Dann habe ich mich wachgeblickt.
Und nun?
Nun bin ich hier.
Was wirst du tun?
Darf ich ins Bett zu dir?
(KUNZE 1991, S. 27)

Der zauberhafte poetische Einfall KUNZES, die sonntäglichen kindlichen „Wecker" mit einer Sonntagmorgenmeise zu vergleichen, trifft die Erfahrungen der Kinder (wie die der Eltern). (Vgl. S. 108 ff.)

Der Reiz des Gedichts liegt im Zwiegespräch zwischen dem „wachen" langen Anfrager und den kurzen „müden" Antworten. Das finden die Kinder rasch heraus, die optische Aufgliederung des Gedichts unterstützt sie dabei. Da noch nicht gesagt ist, wer spricht, darf man sich die Sprechenden selbst ausdenken und auf der Arbeitskopie die Sprecher benennen oder dafür ein Streubild zeichnen.

Mit dem Partner kann man das Gedicht sprecherisch vorbereiten. Da darf geprobt werden, wie die „munteren" Fragen mit den „müden" Antworten wechseln. Wechseln sollten auch die Partner ihre Rollen.

Das „Vorspiel auf dem Theater" kann beginnen, indem die Partnergruppen ihre Lösung anbieten. Das sollte diskutiert werden, weil szenisches Lesen bedeutet, sich den Text genau anzusehen, ihn zu verstehen, mit dem Partner zu beraten. Das heißt: Arbeit am und mit dem Text.

Vielleicht ist dies ein Gedicht, das mit Eltern oder Geschwistern in verteilten Rollen zu Hause erlesen wird. Der Spaß an der Sache wäre perfekt, wenn man das auf Kassette, CD oder ein anderes Medium aufnehmen und im Unterricht verschiedene Fassungen vorspielen könnte. Dann ist konzentriertes Zuhören vonnöten, denn selbstverständlich möchte man Sabines Mutter oder Peters älteren Bruder oder die eigene Mutter und sich selbst genau heraushören.

In Verbindung mit der inszenatorischen Gestaltung des kleinen Gedichts steht die inhaltliche Aufbereitung. Geschickt verbirgt KUNZE in seinem Rollengedicht, wer die Agierenden sind. So sind die Rollen für alle Kinder offen, was sich in den Benennungen zeigen wird. Auch gilt es, über die Antwort nachzudenken, die auf die letzte Frage im Gedicht fehlt. Sie kann als gereimte Verszeile von den Kindern selbst angehängt werden und hörte sich in Berlin so an:

Frage: „Darf ich ins Bett zu dir?"

Antwort: „Na wegen mir."

Hinter den Fragen die Sprecher suchen

Das folgende Gedicht von CHRISTIANE GROSZ weist auf den ersten Blick Ähnlichkeiten mit dem von KUNZE auf. Beim genauen Lesen entdeckt man aber einen ganz anderen Grundton.

CHRISTIANE GROSZ

Hast du gehört?

Hast du gehört, was ich gesagt habe?
Antworte bitte!
Hast du gehört, was ich gesagt habe?
Antworte bitte!
Hast du gehört, was ich gesagt habe?
Antworte bitte!
Was hast du gesagt?

(GROSZ 1986, S. 18)

Betrachtet man beide Gedichte, fällt auf, dass die Rollen der Sprechenden im Gedicht von CHRISTIANE GROSZ ungleich verteilt sind. Immer wieder dieselben Fragen und sofort die Aufforderung zu antworten. Nur eine Gegenrede, diese wiederum als Frage.

Bereits das Suchen der Rollenbesetzung führt die Schüler zu diesem merkwürdigen Verhältnis im Zwiegespräch. Ähnlich KUNZE lässt die Autorin die Bezeichnung der Sprecher offen. Bei der Suche erfahren die Kinder die Sprachlosigkeit einer gestörten Beziehung, der die Kommunikation abhanden gekommen ist.

Die Kinder überlegen, wer da mit wem spricht: Vielleicht sind es Mutter und Kind oder das Kind und der Vater oder Vater und Mutter? Sie denken darüber nach, warum das Kind nicht hört, wenn es gefragt wird. Gründe werden gesucht. Es könnte aber auch die Eltern betreffen. Wer im Streit miteinander liegt, redet häufig aneinander vorbei.

Mit diesen Überlegungen geht der Versuch einher, den Hauptpart zu ersprechen. Dabei spürt man, dass sich einer über den anderen ärgert, dass die Gereiztheit im Tonfall des stereotypen Satzes: „Antworte bitte!", hörbar wird.

Vielleicht kann ein solches Gedicht helfen, auf soziale Probleme aufmerksam zu machen. Lösen kann sie das Gedicht nicht, aber den einen oder anderen stärken, weil man Verständnis erfahren hat. Und: In der Rolle des Sprechenden kann manches ausagiert werden, was ansonsten immer wieder verschluckt werden muss.

„Szenisches Interpretieren" birgt in sich „ein Methodenensemble" (SCHAU 1996, S. 23), das wiederum verschiedene Tätigkeiten einschließt, die je nach Gedicht einen Schwerpunkt des Inszenatorischen bilden können, wie beispielsweise:
• Lesen mit verteilten Rollen,
• szenisches Lesen vor der Klasse, auf einer Bühne, das von Gestik und Mimik unterstützt wird,
• Sprechen in Verbindung mit Bewegung und Tanz,
• Inszenierung eines Gedichts auf einer Bühne. (Vgl. S. 102)

Alle genannten Tätigkeiten gehen eine Verbindung mit kognitiv-analytischen ein. Sie verbinden, ergänzen, durchdringen einander, sodass sowohl kognitive als auch emotionale und volitive Fähigkeiten der Kinder angesprochen und ausgebildet werden können. SCHAU spricht von einer ganzheitlichen Tätigkeit und einer tätigen Ganzheit (1996, S. 15). Damit kommt das szenische Interpretieren dem ursprünglichen Umgang der Kinder mit Lyrik nahe, wie er eingangs beschrieben wurde. Es bietet sich zugleich als integriertes Lernen für einen offenen Unterricht mit Gruppen- und Freiarbeit an und erlaubt eine Binnendifferenzierung, die die Interessen der Kinder berücksichtigt.

Das Spiel beginnt – Ross und Reiter benennen

JOSEF GUGGENMOS

Sieben unterwegs

Sieben
saßen auf einem Pferd,
kleine, fröhliche Reiter.
Fragt man sie:
„Wo reitet ihr hin?",
riefen sie: „Immer weiter!"

Weiter,
Weiter,
Weiter!
Weiter in die weite Welt!

Liegt ein Haufen Heu im Feld.

Das Pferd denkt:
„Soll ich drum herum?
Nein, es muss doch glücken!"
Und macht einen kühnen Sprung.
Die sieben Reiter purzeln
alle von seinem Rücken.

Da wiehert das Pferd
einen letzten Gruß
und trabt allein in die Ferne.
Die sieben ziehen weiter zu Fuß.
Auch das ist schön;
sie tun's gerne.

Vielleicht siehst du sie wandern,
einen
hinterm
andern.
Dann sag: „Guten Tag, ihr Lieben!"

„Tag!"
„Tag!"
„Tag!"
„Tag!"
„Tag!"
„Tag!"
„Tag!"
rufen drauf die sieben.
(GUGGENMOS 1990, S. 54 f.)

An dem Gedicht von GUGGENMOS wird exemplarisch das „szenische Interpretieren" in Verbindung verschiedenster Tätigkeiten vorgestellt.

Das Gedicht lebt von seinem Witz und von der Komik, was nicht ohne hintergründige leichte Ironie ist. Man bewegt sich vorwärts, ob auf dem

Rücken des Pferdes oder zu Fuß. Und man tut dies gern, ganz gleich, wohin es geht. Es geht „in die weite Welt!".

Für Grundschüler liegt der Spaß auf der Hand und die Nähe zu ihnen ist nicht zu übersehen. GUGGENMOS spricht von „kleinen fröhlichen Reitern". Die typografische Form des Gedichts vertieft den akustischen Eindruck. Welcher Dichter leistet sich ein solches Wortspiel, siebenmal sagen zu lassen: „(Guten) Tag!" (In FÜHMANNS Kasperlestück findet sich Vergleichbares – 1985, S. 67.)

Da ist Komik im Spiel, die Kindern ein aufmüpfiges, entspannendes befreiendes Lachen bis hin zur Albernheit erlaubt (vgl. VAHLE 1993, S. 2).

Sieben Grüße für den Tag oder das Ersprechen einer Grußformel

Nach dem Hören des Gedichts (man sollte es unbedingt erzählend selbst vortragen) drängt es die Kinder, die Grußformel laut und auf verschiedene Weise selbst zu sprechen, zu rufen. So liegt die Aufforderung zum szenischen Sprechen und Gestalten des Gedichts im Gedicht selbst. Auf diese Weise wird nichts Künstliches von außen „aufgetragen", sondern dem Gestus des Gedichts nachgespürt. In verschiedenen Szenen lässt sich dieses Gedicht erspielen, wobei es immer zugleich zum Ersprechen ermuntert.

Wenn man verschieden „(Guten) Tag" sagen kann, liegt es auf der Hand, das unterschiedliche Sprechen der Grußformel gestisch zu unterstützen: Einer zieht den Hut, ein anderer tippt sich an die Mütze, ein Dritter hebt oder senkt den Kopf zum Gruß usw. Die Kinder sind erfinderisch. Sie können ihre persönlichen und ihre filmischen Erfahrungen einbringen.

Die Gruß-Szene kann ohne große Vorbereitung gestaltet werden: Die sieben treten auf, durchwandern den Raum, einer nach dem anderen. Hierbei wird überlegt, wie die sieben am besten gehen sollen: Einer hinter dem anderen im gleichen Schritt oder mit dem Arm auf der Schulter des Vordermannes. Wie auch immer, jede dieser Überlegungen legt Bilder frei und ermuntert die Kinder, sich welche vorzustellen.

Hat man einen „Regieeinfall" für den Auftritt der sieben gewählt, muss man überlegen, woher die „Nachbarn" kommen, die die sieben treffen, wie die sich bewegen sollen, wie sie grüßen und welche Kopfbedeckung sie tragen wollen. Jetzt geht es „auf die Bühne" und die Szene wird gespielt. Das darf mehrmals wiederholt werden.

Der Spaß ist aufseiten der Spieler und der Zuschauer.

Darstellen auf mancherlei Art

Nutzt man den eben beschriebenen Weg, zäumt man das Gedicht von hinten auf und gliedert es dann in verschiedene Szenen. Das hat den Vorteil, dass man sofort mit den Kindern den Gestus des Gedichts erfasst hat, dass man mitten im Spiel ist, dass es keiner zusätzlichen Motivation bedarf. Von diesem Einstieg aus folgt man der Gliederung des Vorgangs im Gedicht:

- Erste Szene: Sieben kleine fröhliche Reiter auf dem Pferd.
- Zweite Szene: Der Heuhaufen im Feld und der kühne Sprung des Pferdes mit Verlust der Reiter.
- Dritte Szene: Das Pferd wiehert einen letzten Gruß.
- Vierte Szene: Die Reiter ziehen zu Fuß weiter.
- Fünfte Szene: Die Begrüßung der Sieben und ihre Antwort.

Bereits das Suchen nach einzelnen Szenen geht mit einem wiederholten Lesen und Sprechen des Gedichts einher, weil man sich für die Einteilung der Szenen und für ihre Benennung entscheiden muss. Interessant wäre es, verschiedenen Gruppen die Szenenaufteilung des Gedichts zu übergeben. Das Gespräch über die Gruppenergebnisse fördert Einsichten in die Schichten des Gedichts zutage.

Sind die Szenen gefunden, können die Rollen verteilt werden. Dabei entdecken die Schüler, dass ein Erzähler und auch ein sprechendes Pferd vonnöten sind und überlegen, was diese zu sagen haben und wann die Sieben reden. Ein Rückgriff auf den Text und ein damit verbundenes Rollenlesen vertieft die gewonnenen Einsichten.

Im Erproben der Textstelle „Weiter, Weiter …" sollte man darüber diskutieren, ob das alle im Chor oder einzelne der Sieben sprechen sollen. Ein Ergebnis findet sich am ehesten, wenn es geprobt und von der Klasse die Lösung gefunden wird. GUGGENMOS' Rollengedicht ist wie für das Spiel geschaffen.

Das Thema Ross und Reiter und das Motiv der abgeworfenen Bürde tauchen in der Literatur und im Kinderleben selbst häufig auf. Das sollte man nutzen und sich zum szenischen Spiel entschließen.

Fantasie ist dabei gefragt. Es muss eine Idee für ein Pferd entwickelt werden (mehrere Schüler unter einer Decke) und es muss überlegt werden, wie die Bühne gestaltet werden soll, welchen Weg die Sieben auf der Bühne nehmen und woher das Pferd kommt, wohin es geht. Dazu können in einer Gruppe Skizzen für die Aufteilung der Spieler in den einzelnen Szenen entworfen, zur Diskussion gestellt und überarbeitet werden. Andere Schüler schlagen Requisiten und Kostüme vor (vor allem Kopfbedeckungen für die, die die Sieben treffen). Mit wenig Aufwand an Material entstehen erstaunliche Lösungen, weil in der Fantasie der Kinder sich die Dinge nach ihren Vorstellungen verwandeln.

Je nach der Klassensituation wäre es beispielsweise denkbar, zwei Gruppen agieren zu lassen. Eine Gruppe stellt den Vorgang des Gedichts pantomimisch dar:

- Sieben Reiter sitzen auf einem Pferd, das Pferd reitet davon,
- es kommt zum Heuhaufen (der könnte gleichfalls von Kindern imitiert werden),
- das Pferd springt, die Reiter purzeln herunter, das Pferd winkt seinen letzten Gruß,
- die sieben ziehen allein weiter in die Welt und schwenken die Hüte zum Gruß.

Eine zweite Gruppe spricht dazu den Text des Gedichtes. Das muss erst einzeln in den Gruppen, dann gemeinsam geprobt werden. Dazu braucht man einen Regisseur, der die Szenen erläutert und die Arbeit der Spielgruppe und der Sprecher begutachtet. Ihm stehen Regieassistenten zur Seite, sodass immer mehrere Schüler sich mit einer Sache auseinandersetzen und ihre Ideen einbringen können.

Wichtig bei dieser Aufteilung wird die Übereinstimmung von Text- und Spielrhythmus. Um das zu erreichen, sind Übereinkünfte und Gespräche nötig. Die brauchen den Text als Grundlage, gehen im Spiel aber über den Text hinaus. Das bedeutet, dass die Sprecher im Sprechen Lücken lassen müssen oder dass sie Textteile wiederholen. Eine schwierige, aber reizvolle Aufgabe, die auch außerhalb des Unterrichts geprobt werden kann.

Um dieses Vorgehen zu unterstützen, können die von den Kindern ausgewählten Szenen als Bildgeschichte, als Comic oder als Daumenkino gezeichnet werden. Das unterstützt die Auseinandersetzung mit dem Inhalt und mit der Gestaltung des Gedichts. Dabei wählen die Kinder selbst die Form der Darstellung und die Möglichkeit, mit einem Partner oder in einer Gruppe mit mehreren zusammenzuarbeiten. Zur Bekanntgabe der Inszenierung des Gedichts in der Schule oder in der Klasse können die Ergebnisse in einer Ausstellung, vielleicht sogar im Schulhaus gezeigt werden. Um andere Kinder anzuregen, sich gleichfalls mit Gedichten von GUGGENMOS zu beschäftigen, können Gedichtbände von ihm oder einzelne Gedichte die Ausstellung bereichern.

Eine geplante Aufführung des Gedichts als Spiel zu einem Schülerfest – denkbar wäre auch ein Schattenspiel oder ein Spiel mit Handpuppen – beflügelt die Kinder, stärkt das Gemeinschaftsgefühl und ermöglicht manchem eine neue Sicht auf Gedichte.

Der Bänkelsang von den „Sieben Reitern"

In der Auseinandersetzung mit den Möglichkeiten szenischer Umsetzung eines Rollengedichts wie einer Ballade entwickeln sich Fähigkeiten im Darstellen und in der Betrachtung der Darstellungskunst. Das vor allem, wenn die eingesetzten künstlerischen Mittel variieren.

So eignet sich das Gedicht von GUGGENMOS wegen seiner Komik und seines Spaßes gut dazu, es als Moritat ähnlich den Bänkelsängern auf den Jahrmärkten vergangener Jahrhunderte vorzutragen. Dazu sind großformatige Bilder nötig, die das Gedicht illustrieren und zu denen der Moritatensänger dann den Text vorträgt. Dabei muss man sich zunächst einigen, welche Bilder im Gedicht wichtig sind, um den Inhalt allen verständlich machen zu können. Die Entscheidungen darüber gehen mit dem Lesen und Sprechen des Textes einher. Ist die Lösung gefunden, kann in Zusammenarbeit mit dem Kunstlehrer die Gestaltung der Szenenfolge in Bildern beginnen. Anschließend werden die Bilder allen vorgestellt und von den Gestaltern erläutert. Wichtig ist es, dass jeweils Bild und Text in Übereinstimmung gebracht werden. Auch das könnte in Partner- oder Gruppenarbeit erfolgen.

Die Bilderszenerie erscheint für alle sichtbar an einer Leine oder an einem Brett befestigt. Anhand der Bilderabfolge bereiten sich die Moritatensänger für ihren Vortrag vor, indem einzeln oder paarweise zu den Bildern der Bänkelsang geübt wird. Die einzelnen Vorträge werden vorgestellt und vom „Publikum" begutachtet. (Vgl. S. 102, 106)

Will man das Ganze einer anderen Klasse oder auf dem Schulfest zeigen, lässt sich das Spiel anreichern. Einer spricht, einer zeigt, zwei oder drei andere Schüler unterlegen den Vortrag mit einer gesummten Melodie (ähnlich einem Leierkasten). Ein Ansager (Marktschreier) lockt das Publikum zu dem Spektakel. Je mehr Schüler beteiligt sind, desto größer der Spaß am Schauspiel und umso intensiver die Einsichten in verschiedene Spielmöglichkeiten.

Natürlich dürfen sich die Darsteller verkleiden, in ihre Rolle schlüpfen. Wollen die Kinder den Bänkelsang einer bestimmten Zeit zuordnen, muss man sich in Lexika informieren, sich Kostüme der entsprechenden Zeit ansehen, diese vorstellen, kurz: Ein Projekt entsteht, das verschiedenen Kindern unterschiedliche Tätigkeiten ermöglicht und das den Genuss im Umgang mit Gedichten befördert.

Balladen und ähnliche Gedichte sind gut spielbar

Balladen sind unter den Kindergedichten für die Grundschule eher selten, obwohl bereits GUGGENMOS, KRÜSS, BRECHT, HACKS, KUNERT u. a. Balladen für Kinder schrieben. Balladen von GOETHE (Erlkönig) oder HEINE (Lorelei) sind auch Kindern vertraut. Balladen eignen sich für das szenische Inszenieren besonders gut. Obgleich ein Genre der Lyrik, beinhalten sie neben lyrischen auch epische Elemente und vor allem dramatische. Dazu gehören Ereignisse und Konflikte um einzelne Personen, in die häufig von einem Erzähler eingeführt wird. Balladen leben von einem spannenden und zügigen Handlungsablauf, die Figuren werden durch ihre Handlungen charakterisiert. (Vgl. S. 106 ff.)

Häufig geht es um dramatische Vorfälle aus vergangener Zeit, die die Fantasie der Kinder anregen. In Lesebüchern der Grundschule finden sich vor allem für Viertklässler Balladen oder Gedichte mit balladesken Zügen, wie FONTANES „Herr von Ribbeck auf Ribbeck im Havelland" oder „Das Riesenspielzeug" von CHAMISSO, KÄSTNERS „Die Sache mit den Klößen" oder GOETHES „Heidenröslein", das hier näher betrachtet werden soll.

JOHANN WOLFGANG GOETHE

Heidenröslein

Sah ein Knab ein Röslein stehn,
Röslein auf der Heiden,
War so jung und morgenschön,
Lief er schnell, es nah zu sehn,
Sah's mit vielen Freuden.
Röslein, Röslein, Röslein rot,
Röslein auf der Heiden.

Knabe sprach: „Ich breche dich,
Röslein auf der Heiden!"
Röslein sprach: „Ich steche dich,
Dass du ewig denkst an mich,
Und ich will's nicht leiden."
Röslein, Röslein, Röslein, rot
Röslein auf der Heiden.

Und der wilde Knabe brach
's Röslein auf der Heiden;
Röslein wehrte sich und stach,
Half ihm doch kein Weh und Ach,
Musst es eben leiden.
Röslein, Röslein, Röslein, rot
Röslein auf der Heiden.
(GOETHE 1976, S. 16)

Die Idee und den Stoff zum „Heidenröslein" (1771) entnahm GOETHE dem Volkslied vom „Röschen auf der Heide", das er in HERDERS Sammlung „Stimmen der Völker in Liedern" (HERDER 1978, S. 178) fand. Die Ballade ist bis auf den heutigen Tag als Lied lebendig geblieben, das man in verschiedenen Liederbüchern und sogar in Lesebüchern für die Grundschule finden kann.

GOETHES Gedicht erzählt von einem höchst dramatischen Geschehen: „Der wilde Knabe brach/'s Röslein auf der Heiden". Das Röslein, das widerstehen wollte, „wehrte sich und stach/Half ihm doch kein Weh und Ach/ Musst es eben leiden." Warum es das musste, ist eine wichtige Frage.

Das Gedicht, das der junge GOETHE während seiner „Sturm-und-Drang-Zeit" schrieb, scheint von bleibender Aktualität zu sein. Bereits das Volkslied weist in seiner getragenen Melodie von Anbeginn auf den tragischen Ausgang hin. Aber die Sympathie des Erzählers stellt sich dem entgegen. Sie gehört eindeutig dem Röslein. Das Bild vom Röslein auf der Heide durchzieht alle Strophen und lenkt den Blick des Lesers/Hörers auf sich.

Die Einzelbilder für das Röslein können zusammengetragen und sprecherisch erprobt werden:

„Röslein auf der Heiden"

„jung und morgenschön"

„Röslein, Röslein, Röslein rot,

Röslein auf der Heiden."

Die Aufmerksamkeit der Kinder sollte man – auch in Vorbereitung auf das Inszenieren – auf den Kehrvers richten. In jeder Strophe verstärkt der Erzähler durch die Wortwiederholung, wie wichtig ihm das Heidenröslein ist. In jeder Strophe trägt der Kehrvers einen anderen Ton. Das könnte von verschiedenen Gruppen erprobt und die Ergebnisse sollten vorgestellt werden.

In der ersten Strophe freut sich der Knabe, das Röslein zu sehen, ist erstaunt über seine Schönheit, und der Erzähler stimmt in den euphorischen Ton ein:

Röslein, Röslein, Röslein rot,

Röslein auf der Heiden.

Der Veränderung des Tons im Kehrreim nachzugehen, stößt uns auf die dramatische Zuspitzung im Handlungsverlauf. Der „wilde Knabe " will das Röslein „brechen", das Röslein will das nicht, „will's nicht leiden". Spannung liegt im Geschehen, noch wissen wir nicht, wie der Konflikt ausgehen wird. An dieser Stelle spricht man den Kehrreim anders als oben, vielleicht zur Vorsicht mahnend, vielleicht ängstlich, je nachdem, wie die Kinder die Situation in dieser Strophe deuten.

Die letzte Strophe führt zum dramatischen Schluss: „Und der wilde Knabe brach/'s Röslein auf der Heiden". Auch dass sich das Röslein wehrte und stach, half ihm nichts: „Musst es eben leiden."

Obwohl wir es immer mit demselben Kehrvers zu tun haben, erfordert das dramatische Ende seine Entsprechung in der Darstellung. Für 10–12-jährige Schülerinnen und Schüler kann die Verszeile „Musst es eben leiden" zum Widerspruch herausfordern. Das sollte es auch, weil daran deutlich wird, wie produktiv Gedichte aus der Vergangenheit für die Gegenwart sein können. Vielleicht schlägt jemand vor, den Satz mit einem Fragezeichen zu versehen und den Kehrreim am Schluss eher als Aufforderung für die Zuhörer zu sprechen. Denn so wie es ist, muss es nicht bleiben.

Mit solchen divergierenden Denkansätzen (die man auch als Lehrperson einwerfen darf) sind verschiedene Impulse zur sprecherischen Gestaltung gegeben. Das Personal kann besetzt werden: der Erzähler, der Knabe, das Röslein.

Interessant wäre es, den Erzähler nicht den Kehrvers, sondern an seiner Stelle einen „Chor" sprechen zu lassen: freudig, zur Vorsicht mahnend, traurig oder auffordernd den Schlusskehrreim. Damit könnten mehrere Schüler in das Geschehen einbezogen werden. Denkbar wäre es, den Kehrvers einmal nur von Mädchen sprechen zu lassen.

Da das Heidenröslein zum Singen drängt, sollte neben die Volksliedversion, die die Kinder vielleicht sogar kennen, auch eine modern „aufgepopte" oder „gerapte" Fassung treten, die mit dem Synthesizer unterstützt wird. Eine musikalisch modern gestaltete Fassung des Gedichts ermöglicht es, den Text aufzubrechen. Strophen und Verse müssen nicht in ihrer gegebenen Form übernommen werden, sondern sie passen sich dem neuen Rhythmus an. Das kann bedeuten, einzelne Verszeilen zu wiederholen, das Gestische zu steigern, wie beispielsweise den Vers vom wilden Knaben und seiner Tat:

Und der wilde Knabe brach!
Und der wilde Knabe brach!!
Und der wilde Knabe brach!!!
‘s Röslein auf der Heiden.

Spricht man dann den „Leidensvers" des Rösleins, wird das Dramatische des Vorgangs deutlich.

Auf diese Weise verlieren Gedichte ihre akademische Abgehobenheit und geben Impulse für das Nachdenken und dafür, Gedichte immer wieder neu zu befragen und anzusprechen.

Ein solches Herangehen an GOETHES Gedicht drängt auf die Bühne, wie immer sie auch aussehen sollte. Je nach Spiellaune der Kinder kann das Ganze als Schattentheater oder mit Handpuppen in einem Puppentheater ausprobiert werden. Das ließe sich in einem Projekt unter Beteiligung verschiedener Gruppen und Fächer durchführen, wenn man an die Gestaltung von Handpuppen oder an die Installation eines Schattentheaters denkt.

❖ Selber schreiben macht klug – Möglichkeiten poetischer Schreibversuche

Schreiben heißt, sich selber lesen, etwas über sich erfahren und über andere, wenn man zuhören kann. Schreiben hat in vielfältiger Form Einzug in die Schule gehalten. Schreiben zu Gedichten oder Selbstversuche im Dichten sind in der Grundschule keine Seltenheit mehr.

Dennoch: Das Schreiben von, vor allem zu Gedichten sollte behutsam und ohne Verletzung des Kunstwerks erfolgen.

Aber: Reime finden, Verse schreiben, kleine Formen der Dichtkunst ausprobieren, das sensibilisiert für den Umgang mit Lyrik.

Und: Es fördert die Achtung voreinander, weil man staunt, was mancher schreibt und wie er etwas ausdrücken kann ebenso wie die Achtung vor dem Gedicht.

Deshalb werden an dieser Stelle Schreibanlässe angeboten, die für die Grundschule sinnvoll erscheinen und nichts beschädigen in dem Sinne, „Texte nicht ‚übersetzen‘ zu wollen, sie in die herangetragene (eigene?) Sprache hinein aufzulösen, was zumeist als geglückte Interpretation begriffen wird. Restlos soll das Gedicht sich fügen … Notfalls wird es umgedichtet, was als Kreativitätsübung ausgelobt wird." (VON BORMANN 1993, S. 14)

Cluster und Akrostichon

Clustern oder Wortschatzübungen (gezieltes Denken unter einem bestimmten Zusammenhang) bedeutet, zu einem Begriff, zu einem Thema Wörter zu finden und zusammenzustellen. Die Themen für ein Cluster können so verschieden sein wie die Ideen der Kinder, die sie dafür entwickeln. Eine diesbezüglich lyrische Form ist das Akrostichon (griech. Versspitze). Beim Akrostichon der einfachen Form ergeben die Anfangsbuchstaben der Wörter von oben nach unten gelesen ein Wort (oder einen Satz), häufig den Namen des Verfassers oder des Adressaten, wie unten verdeutlicht. Hier ein Beispiel zum Thema „Advent" (Kreatives Schreiben 1996, S. 20):

Am
Dezembertag
Verliert
Ein
Nikolaus
Träume
(Tanja)

Für die Kinder interessant sind Akrostichen zu ihren Vornamen, zu Pflanzen- oder Tiernamen usw. Man kann sie auffordern, dem eigenen Namen oder dem des Freundes, der Freundin bestimmte Eigenschaften zuzuordnen. Dabei muss man sich entweder mit der eigenen Person oder mit der gewählten auseinandersetzen. Die Zuordnung führt weg von der Beliebigkeit und hin zu den Schwierigkeiten „beim Schreiben der Wahrheit". Das Ergebnis der Wortreihe über die Beobachtung eines Freundes, wie in den beiden folgenden Texten, kann Anlass zur Diskussion sein, wenn es die Atmosphäre der Klasse erlaubt.

SVEN   DANIEL
Sensibel   **D**unkelhaarig
Vielseitig   **A**ufmerksam
Eigenwillig   **N**atürlich
Neugierig   **I**ntelligent
                                  Energisch
                                  Liberal

Einen thematisch größeren Bogen spannt der Autor Gottfried Herold, dessen Anregung aufgegriffen werden kann, wenn er schreibt:

LESEVERGNÜGEN
L esen macht Spaß.   **G** roßen Kummer hat.
E s hilft   **N** ur ohne etwas
S ogar, wenn man   **Ü** bung
E insam ist oder   **G** elingt
V ielleicht   **E** s
E inen   **N** icht sofort.
R ichtigen   (Copyright beim Autor)

Ebenso reizvoll kann das Clustern sein, wenn die Idee eines bildenden Künstlers aufgegriffen wird und man sich zur Vorgabe in eine Beziehung setzt, sie variiert, verändert usw. So beschreibt Richard Long in „ONE

HOUR" (A SIXTY MINUTE CIRCLE ON DARTMOOR 1984), was alles in einer Stunde assoziiert, also gedacht oder gefühlt, gehört oder gesehen werden kann. Der Einfall wird durch das Symbol einer Uhr verstärkt. Das regt Kinder zunächst einmal an, den Text selbst zu entziffern, die Lehrperson um Übersetzung aus dem Englischen zu bitten, das Wörterbuch eigenständig zur Hand zu nehmen und es selbst ins Deutsche zu übertragen. Die Scheibe kann immer wieder gedreht werden, um ein Wort noch einmal zu lesen oder zu hören. Das Vorbild reizt, sich selbst eine Uhr zu zeichnen und sie mit Wörtern zu schmücken. Dabei darf den spontanen Einfällen der Schüler nachgegangen werden. Man kann sie aber auch lenken, indem nach verschiedenen Uhren gesucht wird: Was hört, sieht, denkt, fühlt man in einer Stunde bzw. wie würde man die Stunde ausfüllen mit Geräuschen und mit Gedanken. Kinder mit bilingualen Sprachkenntnissen sollten die Uhr in ihrer Muttersprache beschriften und das Ergebnis in ihrer Sprache und in der Übersetzung vortragen. Die neue Klangwelt bedeutet zugleich ein Mehr an Weltsicht im Klassenzimmer.

Richard Long, *One Hour, 1984*

Sucht man nach leichter zu lösenden Aufgaben für einzelne Schüler, dann bietet es sich an, sich für die Uhr bestimmte Gegenstände unter einem Oberbegriff auszudenken, beispielsweise Blumen, Bäume, Tiere, Namen usw. Eine andere Aufgabe wäre es, einigen Schülern zu gestatten, lediglich die Viertelstunden an der Uhrenskala zu beschriften.

Die Wörter-Uhr bietet Möglichkeiten vielfältiger weiterer Übungen. Wörter der Uhr werden dem Partner vorgelesen, bis dieser ein Haltzeichen gibt. Mit dem „Haltwort" ist dann ein Satz zu bilden oder ein Kompositum, ein Reimwort zu finden usw. Anschließend wechseln die Partner. Die Idee ist ausbaufähig.

Elfchen

Elfchen werden gleichfalls zu einem bestimmten Thema, einer Idee, einem Gefühl, einer Stimmung geschrieben. Die Verse heißen Elfchen, weil sie aus 11 Wörtern bestehen. Ihre Struktur erhalten sie durch die bestimmte Anordnung der Wörter, die, in Zeilen untereinandergeschrieben, wie folgt aussieht:

1 = ein Wort
2 = zwei Wörter
3 = drei Wörter
4 = vier Wörter
5 = ein Wort

Das Einzelwort am Anfang gibt den Leitgedanken vor, dem sich die anderen unter- und zuordnen. Das letzte Wort fasst die Assoziationen zusammen, oft in einem das Ganze überhöhenden Schlussgedanken. Bei sehr gelungenen Beispielen wird es der prägnante Punkt, der aus der Wortsammlung etwas Poetisches macht, wie die folgenden Beispiele zeigen:

gelb
ein Herbstblatt
auf dem Weg
noch liegt es allein
Herbstanfang
(JULIA)

In einer dritten Klasse in Cloppenburg suchte die Lehrerin im Zusammenhang mit der Arbeit am Märchen der Brüder Grimm „Der Froschkönig" einen Schreibanlass und verfiel auf die Idee, den Titel des Märchens zum

Schreiben von „Elfchen" zu nutzen. Die nachfolgenden Ergebnisse (Originaltext der Kinder) zeigen zweierlei. Einerseits sind die Drittklässler in der Lage, mit der Form der Elfchen umzugehen. Andererseits verdeutlichen die Beispiele, dass und wie tief die Kinder das Märchen verstanden haben, wenn sie schreiben:

Königstochter	Froschkönig
Goldene Kugel	goldene Kugel
Geschpielt Kugel weg	plitsch platsch Quak
Schön aber so gemein	Königstochter schön und gemein
Heirat	Verwandlung
(IRINA)	(NASTJA)

Ergebnisse wie diese geben uns Rückmeldungen über Befindlichkeiten der Kinder. Wie die zwei Beispiele zum „Froschkönig" zeigen, werden die Vielfalt und die Verschiedenheit der Bilder zum Märchen deutlich. Hier führt die Vorgabe der Form den Schreiber zur Gestaltung seiner Gedanken und die Zuhörer immer wieder zum Staunen. Zugleich eröffnet die Verwandlung des Märchens in die knappe Form eines „Elfchens" den Kindern spielerisch Einblicke in Gestaltungsmöglichkeiten unterschiedlicher Gattungen und Genres.

Haiku

Haiku ist eine der kürzesten Gedichtformen, die wir kennen. Es ist in Japan weit verbreitet und findet zunehmend auch in Deutschland Freunde. Haiku können von allen Altersstufen geschrieben werden. Alle dürfen im Haiku ihre Empfindungen sprachlich artikulieren. Jedes Jahr findet weltweit ein Haiku-Wettbewerb für Schüler statt, an dem immer auch Grundschüler beteiligt sind und mit Preisen geehrt werden.

Das Haiku basiert auf folgenden Gesetzen, die Form und den Inhalt betreffend: Es hat eine strenge Form, die sich aus drei Zeilen mit nur 17 Silben (5–7–5) zusammensetzt. Als Themen werden traditionell die Bindung an die Natur, die Elemente und die Jahreszeiten bevorzugt. Trotz der stofflichen Freiheit soll der Gegenstand in der knappen Form sprachlich treffend erfasst werden (vgl. WILPERT, 1989, S. 356 f.), wie die folgenden Haiku zeigen (Kreatives Schreiben 1996, S. 23):

Gestürzte Birke –
Wohin soll der Wind greifen
Wenn er wiederkommt
(BUERSCHAPER 1995, o. S.)

und:

Die Sonne schwitzte
den Äpfeln und der Birne
Süße in die Haut
(AHMET, 9 Jahre)

Wie das Beispiel von AHMET, Drittklässler, zeigt, lohnt es sich, Schüler auf diesen Weg zu führen. Wichtig dabei ist, dass die ersten Versuche behutsam korrigiert werden, dass man immer wieder ermuntert, es noch einmal zu probieren und dass die Gedichte anderen vorgestellt werden.

Wendet man sich beim Schreiben in der genannten Struktur den alltäglichen Dingen zu und vom Naturgedanken ab, dann nennt sich die Form **Senryu**, wie das folgende Gedicht:

Winzige Körnchen
zu einer Sandburg gehäuft
von Kinderhänden
(RUTH)

Konkrete Poesie

(1)	(2)	(3)
WOLKEWOLKE	GR BE	AB
WOLKEWOLKEWOLKEWOLKE	U	H
WOLKEWOLKEWOLKEWOLKE		A
WOLKEWOLKE		N
WOLKE		G

Konkrete Poesie und experimentelle Lyrik, wie sie seit den 50er und 60er Jahren verfasst wurden, hat gegenwärtig wieder die Lesebücher und vor allem die Kinder für sich gewonnen. Die Texte üben wegen ihrer Andersartigkeit und Rätselhaftigkeit einen besonderen Reiz auf Kinder aus.

Die konkrete Poesie konzentriert sich auf die sprachlichen Elemente, wie Wörter, Silben, Buchstaben, jedoch losgelöst aus den traditionellen Zusammenhängen der Sprache. Die Anfänge in Deutschland liegen vor allem bei CHRISTIAN MORGENSTERN und dem Dadaismus.

MORGENSTERN

Fisches Nachtgesang

(MORGENSTERN 1975, S. 252)

Als Anregung für die Schüler, selbst Beispiele zu finden, genügt es, ein oder zwei Proben an die Tafel zu schreiben und die Reaktion der Kinder abzuwarten. Weitere Erfindungen können an die Tafel geschrieben und von den Erfindern erläutert werden. Der Vorzug dieser Schreibversuche liegt in der Verstärkung der Bedeutung des Wortes, des Gedankens durch das Bildhafte. (Vgl. S. 111 ff.)

Ideogramme – Gebilde aus Wörtern und Buchstaben

In einer dritten Klasse konfrontierte eine Lehramtsstudentin die Kinder mit der Feststellung, dass es Gedichte gäbe, die nur aus einem Wort bestünden. Das verursachte große Verwunderung, waren ihnen doch bisher ganz andere Gedichte in den Lesebüchern begegnet.

Anschließend wurden – in Anlehnung an SCHMIEDER/RÜCKERT (1977, S. 11) den Kindern die Beispiele GRUBE und STUFE an die Tafel geschrieben. Die Schüler erhielten genügend Zeit zur Betrachtung der an der Tafel stehenden „Bildwörter" (vgl. OTTENS 1996, S. 63).

Kommt von den Schülern keine Reaktion, wie es in dieser Klasse der Fall war, dann darf man auf das Bild verweisen, das mit der besonderen Gestaltung der Buchstabenfolge entstanden ist. Diesen Impuls griffen die Schüler auf und artikulierten sich wie folgt:

Das Wort Grube sieht aus wie eine „tiefe Grube" (ALEXANDER).
„Es sieht aus, als wenn man reinfallen könnte" (CLAUDIA).
ANNABELL meinte dazu, es wäre eher „ein tiefes Loch".
Ähnliche Äußerungen erfolgten zum Wort „Stufe".

Die Schüler hatten die Intentionen von Ideogrammen, Bildwörtern, zu gestalten, erkannt. Die Kinder probierten auf diesem Wege, „zwischen Ausdruck und Bedeutung dadurch eine Beziehung herzustellen, dass es (das Ideogramm) die Vorstellung grafisch darstellt und auf diese Weise visualisiert" (SCHMIEDER/RÜCKERT, 1977, S. 11).

CLAUDIA setzte Buchstaben so in die Fläche, dass „gebilde aus buchstaben und wörtern" entstanden (GOMRINGER, 1972, S. 163).

Schüler, denen die Aufgabe Schwierigkeiten bereitete, versuchten durch Zeichnungen die Bildworte näher zu erläutern. (OTTENS 1996, S. 70)

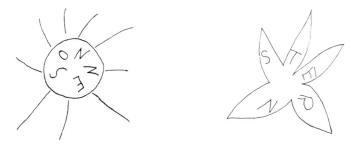

Sonne, Stern (Christina)

Selbst wenn nicht alle Schüler mit ihren Ergebnissen an CLAUDIA – und damit an GOMRINGERS Theorie der konkreten Poesie – heranreichen, erfahren sie doch die Intention, einen neuen Blick auf die Sprache zu erlangen. Sie entdecken, dass man Semantik, Grammatik und Syntax durchbrechen kann und dabei Neues erfährt.

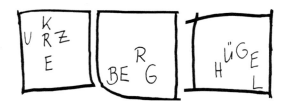

Kreuz, Berg, Hügel (Claudia)

Erfahrungsgemäß vermag „konkrete Poesie im Leser eine solche Produktivität freizusetzen, dass sie ohne allzu große Anstrengung in eigenes kreatives Gestalten übergeführt werden kann" (RÜCKERT in: Kinderlyrik 1996, S. 165).

Piktogramme – Bild- oder Figurengedichte

Piktogramme füllen imaginär gedachte Figuren mit Sprachmaterial auf. Die Poesie zeigt sich im Verhältnis von grafischer Figur und Textaussage in einem semantischen und semiotischen Sinn.

Drittklässler sollten, nachdem ein konkretes Beispiel von einem Baumpiktogramm an der Tafel erarbeitet wurde, selbst experimentieren. Trotz des gemeinsam erarbeiteten Piktogrammes, „das fast alle Schüler" in ihr eigenes übernommen hatten, „differenzierte sich jede Darstellung auf individuelle Weise" (OTTENS 1996, S. 97). Wie die folgenden Beispiele zeigen, wird vor allem Gegenständliches visualisiert. Die Arbeiten der Kinder verweisen auf die eindrucksvolle „Vereinigung" von Bild und Text.

Haus, Wolke, Baum, Sonne (Katharina)

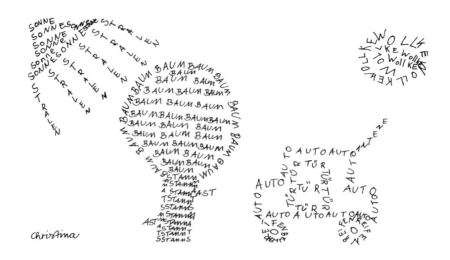

Sonne, Baum, Wolke, Auto (Christina)

Baum, Sonne (Stefanie)

❖ Sprachspiele im Unterricht

Die Sprache der Kunst und die Kunst der Sprache für sich selbst zu entde-
cken, dazu verhelfen Sprachspiele der unterschiedlichsten Art. CHRISTIAN
MORGENSTERN hat diesem Genre sehr früh und sehr erfolgreich gefrönt.
Ein Beispiel dafür ist der Text „Neue Bildungen der Natur vorgeschlagen".
Dieses Sprachspiel hat immer wieder Nachahmer gefunden. Herausra-
gend sind die Texte von FRANZ FÜHMANN, der mehrere Gedichte MORGEN-
STERNS in sein Sprachspielbuch „Die dampfenden Hälse der Pferde im
Turm von Babel" (1978) aufgenommen hat und selbst in MORGENSTERNS
Art Neubildungen schuf, wie ein Vergleich zeigt:

CHRISTIAN MORGENSTERN	FRANZ FÜHMANN
Neue Bildungen der Natur vorgeschlagen	Vier Kinder
Der Ochsenspatz	Grüßbrei
Die Kamelente	Reißbrei
Der Regenlöwe	Puhding
Die Turtelunke	Höfekuchen
Die Schoßeule	
Der Walfischvogel	
Die Quallenwanze	
Der Gürtelstier	
Der Pfauenochs	
Der Werfuchs	
Die Tagtigall	
Der Sägeschwan	
Der Süßwassermops	
Der Weinpintscher	
Das Sturmspiel	
Der Eulenwurm	
Der Giraffenigel	
Das Rhinozepony	
Die Gänseschmalzblume	
Der Menschenbrotbaum.	

(MORGENSTERN in: FÜHMANN 1978, S. 224)

und

> Zum Nachtisch
> Klassierte Früchte
> Ruhmkugeln
> Nußeggen
> Pissquitten
> Erdbären frisch aus dem Wald
> Diverse Schokolatten
> (FÜHMANN 1978, S.35)

Kinder lieben Erfindungen auch im Bereich von Wörtern und sind in der
Lage, selbst welche zu produzieren, wie auf besondere Weise die Ergebnisse von Drittklässlern im Folgenden zeigen.

❖ Analogien finden

ERWIN GROSCHE
Ganz neue Fische

Plötzlich finden wir in unseren Seen und Flüssen eine Anzahl neuer Fische
vor, die sich von Tag zu Tag vermehren. Hier ist nun eine erste Aufstellung
der wichtigsten und bekanntesten der neuen Fische:

> DER WEIT VERBREITETE COCA-COLA-DOSENFISCH
> DER VERROSTETE BIERFLASCHENVERSCHLUSSFISCH
> DER GELBE BANANENSCHALENFISCH
> DER GEMEINE SPRUDELGLASSCHERBENFISCH
> DER UNMÖGLICHE SÜSSIGKEITENPAPIERTÜTENFISCH
> DER WEISSE SUPERMARKTTRAGETASCHENFISCH
> DER BUNTE ZIGARETTENSCHACHTELFISCH
> DER ALBERNE MÜLLFISCH
> DER STINKENDE DRECKFISCH
> DER SCHIMMELIGE RESTEFISCH
> (GROSCHE in: GELBERG 1981)

Ausgangspunkt für die Arbeit einer Studentin in einer dritten Klasse war
dieses Beispiel, nach dem es einen COCA-COLA-DOSENFISCH neben manchem anderen neuen Fisch in unseren Gewässern geben soll (vgl. OTTENS
1996, S.72ff.).

Gewählt wurde der Text zum Thema der unsachgemäßen Müllentsorgung, einem Thema aus dem Sachunterricht. Gedacht war von Anbeginn an einen fächerübergreifenden Aspekt des Unterrichts zum Thema „Umweltschutz".

Wie sich an den Ergebnissen der Schüler ablesen lässt, verfügten die Kinder über vielfältige konkrete Erfahrungen mit ihrer Umwelt. Das betraf auch die Verschmutzung der Gewässer. In der Auseinandersetzung mit dem Text von GROSCHE führte die Arbeit über den Sachunterricht hinaus und in die Sprachgestaltung, die sprachschöpferische Arbeit hinein.

Der Impuls der Studentin für die Kinder, sich selbst „Tiere der Zukunft" auszudenken, falls wir die Umweltprobleme nicht besser lösen können, fiel auf fruchtbaren Boden. In der spielerischen Bewältigung der Aufgabe wurde der Ernst der Situation erfasst. Die ausgewählten Beispiele zeigen, wie aufmerksam Kinder die Umweltsünden der Großen und Kleinen registrieren und zu welchen sprachschöpferischen Neubildungen sie fähig sind (vgl. OTTENS 1996):

Tempofisch	Das Dosenschwein
Der Flaschenhund	Das Papierhuhn
Die Tütengans	Der Tempohase
Die Bananenschalenente	Die Knocheneule
Die Klopapierfliege	(BERND)
(CLAUDIA)	

❖ Sprechen, immer wieder sprechen

JÜRGEN SPOHN

Küsschen

Holla	Holla
ist die	ist die
Süse suß	Suse süß
Küsschen	die ich
herzlich	Küsschen
meinen Gruß	herzlich grüß
	(SPOHN in: FLAUSENSAUSEN, Ravensburg, 1989)

Beobachtet man Kinder außerhalb der Schule, hört man mitunter auch Gereimtes. Werden Parteien nötig für ein Spiel, nutzen sie den Abzählvers. Will man jemand necken, geschieht das mittels Reim (wie eingangs angedeutet), vielleicht sogar mit „Küsschen" von JÜRGEN SPOHN.

Bewegungsspiele, zu denen man singt, sind immer noch aktuell. In gereimter Sprache sprechen ist dem Kind vertraut und wird für das Spiel sinnvoll genutzt. Den lockeren Umgang der Kinder mit Lyrik im Spiel sollte die Schule pflegen. Der Nutzen liegt im Transfer des Zugangs zu Gedichten überhaupt und in der Ausbildung der Sprechsprache. Schule ist damit näher am Leben der Kinder dran. Entscheidend dabei „ist der Umgang, die tägliche Übung! Den Ball muss man oft ticken lassen, bevor er springt, fliegt, sein Ziel erreicht" (GELBERG 1996, S. 246). (Vgl. S. 103 ff.)

Gedichte wie das oben stehende „Küsschen" und die nachfolgenden von SPOHN, RATHENOW, NÖSTLINGER, LORENC, WITTKAMP und HÄRTLING verleiten von selbst zu einem unkonventionellen Umgang. Liest oder spricht man solche Gedichte den Kindern vor, liegt das Nachsprechen in der Luft. Zungenzerbrecher stoßen immer auf Resonanz. Die genannten Autoren benutzen die aus der Volksliteratur vertrauten Muster und bieten zugleich Neues, Aktuelles, Heutiges an. SPOHN und NÖSTLINGER beispielsweise lassen Erotisches anklingen, was in der Schule eher selten thematisiert wird.

Bezieht man solche Gedichte in den Schulalltag ein, werden die Kinder beginnen, selbst welche im Lesebuch und in der Bibliothek oder in den Büchern der Leseecke zu suchen. Stöbern kann genussvoll sein – auch in Büchern. Das Vergnügen beim Vorlesen bzw. Vorsprechen und Zuhören solcher Sprachspiele sollte man sich immer wieder gönnen. Dabei werden die Zuhörer zu Mitsprechern und unterstützen die Verse mit Bewegungen oder Geräuschen u. Ä.
Mancher birgt ein Spiel in sich, wie der nachfolgende Text:

LUTZ RATHENOW

Schnupfen
Von einem zum andern:
die Viren – sie wandern.
Sie keuchen und prusten:
der Schnupfen muss husten.
(RATHENOW in: GELBERG 1989, S. 155)

Im Rhythmus und im Reim erinnert das kleine Gedicht an einen sehr altes, immer noch aktuelles Singspiel: „Ringlein, Ringlein, du musst wandern …" Mit dem neuen Text von RATHENOW erhält das alte Spiel frischen Glanz und im Frühjahr und Herbst besondere Aktualität. (Vgl. S. 119)

Kito Lorenc treibt sein Spiel mit der Puffreispuffbohnenkartoffelpuffer-bahn, die sich bergan wie folgt schiebt: (Vgl. S. 103 f.)

Die Puffreispuffbohnenkartoffelpufferbahn
fährt bergan:
puff puffreis! puff puffreis! puff puffreis!
puff puffbohne! puff puffbohne! puff puffbohne!
kartoffelpuffer! kartoffelpuffer! kartoffelpuffer!
toffelpuffer! toffelpuffer! toffelpuffer!
toffpuff! toffpuff! toffpuff!
off!
uff!
(Lorenc in: Die Rasselbande 1983)

Diese Verse verlangen nach einer Geräuschkulisse, die der Bahn den Berg hinaufhilft. Hat man sich in die Verse eingesprochen, kann es ein lustiges Bewegungssprachspiel werden.

Ähnlich lassen sich die Verse von Christine Nöstlinger gestalten:

Warum?
Das alte verfettete Nashorn
hat sein Horn gar nicht gern vorn.
Es hätte den Zinken lieber am Po.
Warum? Ich denk mir's halt so.
(Nöstlinger 1992, S. 82)

Wassermann
Wassermann sucht Wasserfrau,
will keine andre küssen,
weiß aber doch recht genau,
er wird sich bescheiden müssen.
Denn Wasserfrauen lieben nur Fische
und teilen mit denen Bett und Tische.
(Nöstlinger 1992, S. 25)

Gibt's im April
noch Eis und Schnee,
tut das
den Sommerreifen weh!
Neue Bauernregel
(Nöstlinger 1992, S. 96)

NÖSTLINGERS „Warum?" ist ein moderner Abzählreim. Den sollte man als Lehrer benutzen, wenn eine Entscheidung zwischen mehreren Kindern zu treffen ist. Die Verblüffung wird groß sein, der Nachahmungstrieb gleichfalls.

Der Spruch zum Sternbild „Wassermann" bietet sich an, ihn rhythmisch klatschend zu ersprechen oder als Klatschspiel mit dem Partner auszuprobieren. Die genannten Texte, von denen NÖSTLINGER noch weitere schrieb, lassen sich als heitere Geburtstagseinlage in den Unterricht einbeziehen. Dabei kann man die Frage stellen, warum es zum April eine neue Bauernregel gibt und die Kinder auffordern, alte Regeln umzudichten.

JÜRGEN SPOHNS obiges Sprachspiel vom „Küsschen" und das folgende von der „Kugel" entfalten ihren Reiz im Sprechen:

Kugel

Ein Kugelbaum
ein Kugelbauch
ein Kugelblitz
die kugeln sich
bei einem Witz:

Kugel
und ein Kügelchen
die wollten auf
ein Hügelchen

Es wollten auf
ein Hügelchen
Kugel
und ein Kügelchen

Ein Kugelbaum
ein Kugelbauch
ein Kugelblitz
die kugeln sich
bei einem Witz

(SPOHN 1985, S. 43)

Der Witz des Sprachspiels lässt sich am besten ausdrücken, wenn die Sprecher ihr Tempo variieren. Ein schneller Sprecher wechselt sich ab mit einem langsamen Sprecher, eine hohe Tonlage mit einer tiefen. Je mehr Varianten, je größer der Spaß und je effektvoller das Sprechen, je eher die Entdeckung, was Sprache alles vermag. Hier einige weitere Verse als Anregung, sie mit den Kindern zu sprechen und zu fragen, was man mit ihnen noch machen könnte:

FRANTZ WITTKAMP

Als die Prinzessin den Ring verlor,
las ihr der Prinz das Märchenbuch vor,
und auf der vorletzten Seite stand,
wie die Prinzessin ihn wiederfand.
(WITTKAMP in: Gelberg 1989, S. 283) (Vgl. S. 114)

Peter Härtling

Kiesel für Wiesel

Ein Pudel
spricht zur Nudel:
Ich mag dich nicht.
Die Nudel
spricht zum Pudel:
Du bist nicht dicht.

Kater, fleht die Katze,
reich mir deine Tatze.
Bin ich Mozart, schnurrt der Kater,
geh alleine ins Theater.
(Härtling 1996, S. 21 f.)

Peter Hacks

Der blaue Hund

Geh ich in der Stadt umher
Kommt ein blauer Hund daher,
Wedelt mit dem Schwanz so sehr,
Nebenher,
Hinterher
Und verlässt mich gar nicht mehr.

Wedelt mit den blauen Ohren,
Hat wohl seinen Herrn verloren.
(Hacks 2001, S. 35)

❖ Nach-Dichtungen

Eugen Gomringer

avenidas

avenidas
avenidas y flores

flores
flores y mujeres

avenidas
avenidas y mujeres

avenidas y flores y mujeres y
un admirador
(Gomringer 1969, S. 107)

Immer wieder erbringen Kinder kreative Leistungen im Schreiben auf der Basis von Gomringers „avenidas", einem Gedicht, das lediglich aus wenigen spanischen Wörtern besteht. Wie rasch Kinder sich das Muster zu eigen machen, wird in folgendem Unterrichtsbeispiel deutlich.

In einer Lesestunde lag das Gedicht von Gomringer als Geschenkblatt kopiert auf den Tischen der Kinder, als diese die Klasse betraten. Das erweckte Bewunderung und Freude. Ohne besondere Aufforderung und ohne die Übersetzung zu kennen, sprachen die Viertklässler das Gedicht wiederholt und mit zunehmender Freude am Wohlklang der fremd klingenden Wörter vor sich hin und sprachen es ihrem Nachbarn vor.

(Man muss das Gedicht nicht übersetzen, aber man kann sich der Bedeutung im Spanischen vergewissern:

avenidas = Straßen; flores = Blumen; y = und; un = ein; mujeres = Frauen; admirador = Bewunderer)

Auf der Grundlage der Sprechversuche der Kinder war es leicht, sie anzuregen, das Muster zu übernehmen und selbst ein Gedicht in der Art von GOMRINGER zu schreiben.

Die Begegnung mit dem Gedicht fand im Sommer statt, was unschwer an den Texten zu erkennen ist, aber viel über die unterschiedlichen Befindlichkeiten der Kinder aussagt. Um in der Auswertung den Reichtum an sprachschöpferischen Varianten zu verdeutlichen, wurde das Thema „Sommer" vorgegeben.

Es kann auch gestattet werden, ein Thema frei zu wählen.

Nachdem zuerst gemeinsam ein Sommergedicht an der Tafel entstand, schrieben die Kinder mit großem Eifer, darunter folgende Gedichte (vgl. HOLTZ 1994, Anhang 6):

Eis	Eis
Eis und Hitzfrei	Eis und Regen
Hitzefrei	Regen
Hitzefrei und Arbeit	Regen und Sommerblumen
Eis	Eis
Eis und Arbeit	Eis und Sommerblumen
Eis und Hitzfrei und Arbeit	Eis und Regen und Sommerblumen
Sommer	Sommer
(JASMIN)	(MURAT)

Verreisen
Verreisen und Schwimmen

Schwimmen
Schwimmen und Sommerferien

Verreisen
Verreisen und Sommerferien
Verreisen und Schwimmen und Sommerferien

Sommer
(KATJA)

❖ Gedichte geben uns Rätsel auf

Gedichte sind Briefe an uns, verschlüsselt, nicht immer leicht zu entziffern, mitunter auch schwierig. Manche Dichter nutzen die Doppelbödigkeit der Lyrik und geben uns gesondert Rätsel auf. (Vgl. S. 115)

Eine Sammlung an Rätselgedichten kann man gemeinsam mit den Kindern anlegen, vielleicht an einer bestimmten Stelle in der Klasse aushängen und die Lösungen dazu sammeln. Ausgehend von dieser Idee ließe sich ein eigenständiges Rätselbuch herstellen, z. B. durch Drucken mit der Freinet-Druckerei oder durch Schreiben mittels Computer oder mit der Hand, mit dem Federkiel usw. Selbst hergestellte Bücher, so zeigen alle Erfahrungen, werden am häufigsten gelesen. Auf diese Weise werden die „Sachensucher" animiert, in Büchern, Zeitungen und Zeitschriften nach Rätselschätzen zu graben wie diesen:

REINER KUNZE

Rätsel aus Deutschland

Das eine kennt die Oder nicht,
das andre nicht den Main,
und nennt man Main und Oder nicht,
kann's jedes sein.

(KUNZE 1991, S. 33)

HEINRICH HOFFMANN VON FALLERSLEBEN

Rätsel

Ein Männlein steht im Walde
Ganz still und stumm;
Es hat von lauter Purpur
Ein Mäntlein um.
Sagt, wer mag das Männlein sein,
Das da steht im Wald allein
Mit dem purpurroten Mäntelein?

Das Männlein steht im Walde
Auf einem Bein
Und hat auf seinem Haupte
Schwarz Käpplein klein.
Sagt, wer mag das Männlein sein,
Das da steht im Wald allein
Mit dem kleinen schwarzen Käppelein?

Das Männlein dort auf einem Bein,
Mit seinem roten Mäntelein
Und seinem schwarzen Käppelein,
Kann nur die Hagebutte sein!

(VON FALLERSLEBEN in: Ans Fenster kommt … 1970, S. 90)

Rätselgedichte haben vielerlei Eingänge, manchmal verwirrende Ausgänge, sie sind geöffnet für jedermann, aber niemals ganz offen und nie auf die Schnelle zu lösen.
Rätselgedichte zwingen uns zum Verweilen. Wir finden nicht so schnell des Rätsels Lösung, aber vielleicht einen Weg zum Gedicht.
Rätselgedichte sollten im Unterricht präsent sein
* als Knobeleien für die ganze Klasse,
* als Zusatzangebot in der Leseecke für die Freiarbeit
* oder gezielt eingesetzt für einzelne Schüler als Aufgabe im Wochenplan.

Die Arbeit mit dem Rätselgedicht ermöglicht dem Lehrer, der Lehrerin einen Einblick in das Verstehen beim stillen Lesen. Nur wer das Gedicht gelesen und verstanden hat, kann eine Lösung finden.
Rätselgedichte sind kurz, sind spaßig und komisch und hintersinnig. Sie fordern die Kinder heraus.
Sie sind so verschieden wie andere Gedichtformen auch.
KUNZES Rätselgedicht über das „Rätsel in Deutschland" scheint auf den ersten Blick rasch lösbar und damit abgetan. Es verbirgt sich aber mehr dahinter, denn „das eine kennt die Oder nicht", „das andere nicht den Main". Frankfurt an der Oder liegt im Osten Deutschlands, das andere, berühmtere Frankfurt im Westen. Wenn man sich nicht auskennt, weiß man nichts voneinander, man bleibt sich ein Rätsel. In welchem Teil des Landes man das Gedicht auch behandelt, es könnte ein Ausgangspunkt zu Gesprächen sein.

FALLERSLEBENS „Rätsel" singen die meisten Kinder bereits im Kindergarten als Lied. Steht das Lied als Schrifttext vor ihren Augen, setzen sie sich vielleicht mit des Rätsels Lösung auseinander, die der Dichter freundlicherweise mitgibt. Nicht irgendein Männlein aus dem Märchen ist gemeint, auch nicht der Fliegenpilz, sondern die Hagebutte.
Vielleicht aber hatten einzelne Kinder noch an ganz anderes gedacht?
Ein schönes Bild beschreibt der Dichter, wenn er mehrfach wiederholt, wie das Männlein aussieht mit „dem purpurroten Mäntelein und seinem schwarzen Käppelein". Das Bild könnte Anlass sein, Hagebutten zu suchen oder welche zu malen. Vielleicht wird das Rätsel auch Auslöser, sich dem Entstehen der Hagebutte, dem Reifungsprozess, dem Nutzen für uns zuzuwenden.
Gedichte geben uns Rätsel auf, die Lösungswege führen immer ein Stück in die Welt, tragen Früchte, die uns in verschiedene Bahnen des Denkens und Fühlens lenken. Den Spaß am Sprechen oder am Singen haben wir zusätzlich.

Neben KUNZES „Rätsel aus Deutschland" und dem „Rätsel" von FALLERS-LEBEN sind hier noch einige weitere für unterschiedliche Altersgruppen vorgestellt:

PAUL MAAR

Mit R ist's Ochse oder Kuh,
mit W, da bläst es immerzu,
mit K ist es ein Mensch wie du!
(Rind, Wind, Kind)
(MAAR 1988)

DORIS MÜHRINGER

Frage
Es sieht dich an
und ist nicht du
und ist doch du.
(Spiegelbild)
(MÜHRINGER in: GELBERG 1986, S. 216)

JOSEF GUGGENMOS

Wem tut kein Zahn weh?
Heute hatte Arbeit,
fast zuviel,
Tierzahnarzt Max Halifax.
Tiger, Zebra, Krokodil,
Bär, Hirsch, Frosch,
Kalb, Fuchs und Dachs,

Nilpferd, Pony,
Has und Reh
kamen an:
„Ein Zahn tut weh!"

So riefen sie und klagten sehr.
Einer hat gelogen.
Wer???
(Frosch)
(GUGGENMOS in: GELBERG 1986, S. 26)

PAUL MAAR

Mit H hat sie zwei Beine,
doch geht sie nie alleine.
Mit R kann sie dich stechen,
versuchst du sie zu brechen.
Doch setzt du an den Anfang D
enthält sie Milch für den Kaffee.
(Hose, Rose, Dose)
(MAAR 1988)

ERICH FRIED

Freie Wahl mit guten Vorsätzen
am Beispiel üste
Die üste hat die freie Wahl:
Wenn sie ein W wählt, bleibt sie kahl
Wenn sie ein K wählt, wird sie naß –
Die freie Wahl macht keinen Spaß.
(Wüste, Küste)
(FRIED 1995, S. 26)

Nur die freie Wahl, Gedichte in den Unterricht einzubeziehen, bereitet Spaß und Vergnügen, denn „die Dichtung, in ihren didaktischen wie in ihren anderen Werken, vollbringt es, unseren Lebensgenuss zu erhöhen" (BRECHT 1964, S. 48).

4 Bildungsstandards im Umgang mit Gedichten? Ja, Bildungsstandards im Umgang mit Gedichten umsetzen!

❖ **Gedichte lesen, sprechen, präsentieren, erschließen, schreiben, inszenieren als Wege zum Verstehen**

HEINRICH HEINE

Leise zieht durch mein Gemüt
Liebliches Geläute.
Klinge, kleines Frühlingslied,
Kling hinaus ins Weite.

Kling hinaus, bis an das Haus,
Wo die Blumen sprießen.
Wenn du eine Rose schaust,
Sag, ich lass sie grüßen.
(HEINE 1980, S. 217 f.)

Die Strophen des vielleicht berührendsten Frühlingsgedichtes in der deutschen Literatur, „Leise zieht durch mein Gemüt" von HEINRICH HEINE, liest oder spricht man wohl kaum mit Gedanken auf den Begriff ‚Standard', als etwas Genormtes, Festgelegtes.

HEINES Gedicht (vgl. S. 31) mit seinen klingenden Lauten, wie i, äu, ei, die sich in so schönen Wortgruppen, wie „Liebliches Geläute", „Kling hinaus ins Weite" spiegeln und den Klang des Gedichtes ausmachen, widersetzt sich jeder Norm. Dazu tragen auch die Reime bei, wie z. B. „Gemüt"/ „Frühlingslied" in der ersten Strophe und „sprießen"/„grüßen" in der zweiten Strophe und die dreifache Wiederholung des Wortes „Kling", um nur einige Merkmale dieses lyrischen Textes zu nennen.

Ob ein Gedicht einer standardisierten Norm entspricht – das sollte man ein Gedicht nicht fragen, denn es folgt seinen eigenen Gesetzen. Diese erfasste viel eher der Schüler einer zweiten Klasse, der „Liebliches Geläute" für sich verständlich machte, indem er sagte: „Das ist, wenn es hier innen (zeigt auf die Herzgegend) so schwunkt." (S. 33)

Man darf HEINES Gedicht aber „mustergültig" nennen und, bezogen auf den Reim und den Volksliedton, als „modellhaft" bezeichnen, wonach sich „andere richten". Damit wäre man bei dem Begriff „Standard" in der Definition des *Duden Deutsches Universalwörterbuch* (2001, S. 1504). So treffen im Begriff der Bildungsstandards für den Umgang mit Gedichten verschiedene Ansprüche aufeinander. Einerseits geben die Standards auch für die Primarstufe die Zielstellungen für das zu erreichende Leistungsniveau im Fach Deutsch am Ende der Klasse 4, eingeschlossen die Gedichte, für alle Schüler dieser Klassenstufe vor. Andererseits geht es um Lyrik, die etwas mit der Aneignung eines sehr individuell gestalteten Textes durch den einzelnen Schüler zu tun hat. Hinzu kommt, dass das Gedicht das Subtilste ist, was wir innerhalb der Sprache und des Sprachgebrauchs kennen.

Alle Zielstellungen, die die Bildungsstandards im Umgang mit Gedichten vorgeben, müssten dementsprechend auch den individuellen Zugang der Schüler zum Gedicht ermöglichen. Und sie müssten Chancen im Unterricht einräumen, sich einem Gedicht auf seine spezifische Weise zu nähern, um es zu verstehen, z. B. über das Lesen, Sprechen und verschiedene Formen des Gestaltens (vgl. S. 23 ff.). Eine differenzierte Sicht auf die Spezifik unterschiedlicher Textsorten und eine entsprechende Leseweise bilden sich sehr früh aus und können nicht auf später delegiert werden.

Für die Primarstufe betrifft das vor allem die Zielstellungen für die Ausbildung der Lese- und Sprachkompetenz im Deutschunterricht auf der Basis der in den Fibeln und Lesebüchern enthaltenen epischen Texte, darunter die Kinderbücher und das vielschichtige Angebot unterschiedlicher lyrischer Formen. Die Standards für den Deutschunterricht der Primarstufe am Ende der Klasse 4 „sollen eine klare Perspektive für die anzustrebenden Ziele geben, auf die hin sich auch eine individuelle Förderung konzentrieren muss" (KMK 2005, S. 7). Die Kompetenzbereiche und zentralen Standards gelten damit auch für die Ziele und für die Unterrichtsgestaltung im Umgang mit Gedichten.

In den vorangegangenen Kapiteln dieses Buches lassen sich vielfältige Angebote für die Arbeit mit Gedichten, eingeschlossen die Möglichkeiten zur Ausbildung der Lesekompetenz finden. Wichtige Bildungsstandards für den Deutschunterricht (vgl. BREMERICH-VOS 2008, S. 4 ff.) werden an dieser Stelle modifiziert für die Arbeit mit Gedichten aufgezeigt und an Unterrichtsbeispielen verdeutlicht, die auch Arbeitsaufträge und Leistungstests einbeziehen. Verwiesen wird dabei auf Vorschläge zu den Gedichten der vorangegangenen Kapitel dieses Buches. Bildungsstandards für die Aneignung von Gedichten sind:

1.	**Sprechen und Zuhören**	• Gedichte sprechen, „ansprechen", hören (vgl. S. 25 ff.) • Sprechen und Gespräche zu Gedichten führen, zu und mit anderen sprechen (vgl. S. 91 ff.) • verstehend zuhören (vgl. S. 46 ff.) • Gedichte sinnverstehend lesen und sprechen (vgl. S. 25 ff., 91) • Gedichte szenisch spielen/inszenieren (vgl. S. 65 ff., 71 ff.)
2.	**Schreiben**	• Möglichkeiten poetischer Schreibversuche (vgl. S. 54 ff., 63) • Vorformen lyrischer Texte schreiben (vgl. S. 79 ff., 95 f.) • Texte überarbeiten
3.	**Lesen – mit Texten und Medien umgehen**	• Leseerfahrungen mit lyrischen Texten sammeln • Verschiedene Gedichte kennenlernen und vergleichen, Unterschiede und Gemeinsamkeiten von Gedichten finden (vgl. S. 31 f., 40 ff., 46 ff.) • Gedichte begründet auswählen • Gedichte erschließen (vgl. vor allem S. 27, 34 ff., 46 ff., 57 ff., 97 f.)
3.1	**Gedichte erschließen**	• Gedichte genau lesen (vgl. S. 32 f., 65 ff.) • zentrale Aussagen eines Gedichtes erfassen (vgl. S. 48 ff.) • Aussagen mit Textstellen belegen • eigene Gedanken zu Gedichten entwickeln (vgl. S. 54 ff.) • Sensibilität und Verständnis für die Gedanken des Dichters und für das Dargestellte entwickeln • Unterschiede und Gemeinsamkeiten herausfinden (vgl. S. 31 ff., 40 ff.) • handelnd mit Gedichten umgehen durch Illustrieren, Inszenieren, musikalisches Umsetzen u. a. (vgl. S. 62 f.)
3.2	**Gedichte präsentieren**	• Gedichte zum Vortrag vorbereiten • Gedichte sprecherisch gestaltet vorlesen/vortragen (vgl. S. 25 f., 29 f., 65 ff.) • verschiedene Medien zur Präsentation benutzen • an Lesungen und Aufführungen mitarbeiten.

❖ Bildungsstandard: Sprechen und Zuhören

Gedichte sprechen, „ansprechen", zuhören und präsentieren

In allen vorangegangenen Kapiteln wird großer Wert auf das Sprechen, die sprachsprecherische Gestaltung bei der Aneignung von Gedichten, auf das Herausfinden des Sprachgestus eines Textes Wert gelegt (vgl. S. 24 u. a.). Den Beispielen liegt dabei auch das ästhetische Konzept von BERTOLT BRECHT zugrunde, dem es um das Sprechen von Lyrik als einem Verstehensprozess im Umgang mit Gedichten ging und der den Kindern Vorschläge zum Vortrag von Gedichten unterbreitet (vgl. S. 23):

„Es ist nämlich anzunehmen, dass wirklicher Genuss von Lyrik bis zu einem gewissen Grade davon abhängt, ob man im Stande ist, Klang, Rhythmik und Tonfall selber zu beherrschen. Außerdem ist die Fähigkeit, eine Sprache in gehobener Form zu sprechen, auch für die Beherrschung der Alltagssprache nützlich."

(BRECHT 1969, S. 168)

Die folgenden Beispiele greifen einzelne Vorgaben der Bildungsstandards auf, vor allem das *Sprechen und Zuhören* in Verbindung mit dem *Lesen*, dem *Inszenieren und Präsentieren* als Wege zum Verstehen des Gedichtes.

Das nachfolgende Gedicht von KITO LORENC ist ein *Sprachspiel* und zudem ein typischer Zungenbrecher, der zum Vorsprechen, damit auch zum Präsentieren besonders geeignet ist.

KITO LORENC

Die Puffreispuffbohnenkartoffelpufferbahn
fährt bergan:
puff puffreis! puff puffreis! puff puffreis!
puff puffbohne! puff puffbohne! puff puffbohne!
kartoffelpuffer! kartoffelpuffer! kartoffelpuffer!
toffelpuffer! toffelpuffer! toffelpuffer!
toffpuff! toffpuff! toffpuff!
off!
uff!
(LORENC in: Die Rasselbande 1983)

LORENC baut mittels witziger Sprachelemente, die die Kinder kennen (Puffreis, Kartoffelpuffer, Bahn) bzw. die der Kleinkindersprache entlehnt sind, wie Puffbahn, ein Schlangenwort. Das besonders Interessante für das Lesen und das sprachsprecherische Gestalten dieses Wortgedichtes, geeignet für eine 2. Klasse, ist der Auf- und Abbau der einzelnen Wortbestandteile. Das entspricht dem Wortauf- und Wortabbau im Leselernprozess.

Zur Arbeit am Sprachspiel können deshalb die einzelnen Wortelemente wie „Puffreis/Puffbohne/Kartoffelpuffer/Bahn" auf Worttafeln geschrieben werden.

Die Schüler lesen die einzelnen Wörter laut vor und versuchen dabei schon den Sprachgestus zu variieren, mal langsam, mal schnell zu sprechen, was dem Zungenbrecher entgegenkommt.

Abschließend stellen sich Schüler mit den Wortbestandteilen nebeneinander, sodass das Schlangenwort „Puffreispuffbohnenkartoffelpufferbahn" entstehen und von allen gelesen werden kann.

In diesem Prozess des Lesens und Sprechens können auch die einzelnen Wortbestandteile vertauscht werden, was zu anderen Wortungetümen führt, wie z. B. „Puffbohnenpuffreisbahnkartoffel". Dabei ist zu besprechen, welches Wort am Ende stehen müsste, um dem Sprachspiel den ‚richtigen', d. h. den vom Dichter gedachten Sinn zu geben.

Dann beginnt vor aller Augen der ‚Abbau der Bahn', die den Berg hinauffährt. Der wird mittels sprachgestischer Elemente, sprachrhythmisch stampfend mit den Füßen, auch über Körpersprache verstärkt. Als zusätzliche Übung kann die Bahn auch wieder den Berg hinabfahren, d. h., die einzelnen Wortelemente werden von unten nach oben wieder zusammengesetzt (uff – off – toffpuff! toffpuff! toffpuff! – toffelpuffer! Usw.). Jetzt sollte so schnell wie möglich gesprochen werden, denn die Bahn kommt abwärts in Fahrt.

Um den Rhythmus spielerisch entdecken zu lassen, kann die Betonung beim Sprechen wechseln, wie z. B. in der dritten Verszeile: **puff**reis oder puff**reis.**

Verändert und ersetzt werden darf auch der tragende Laut „u" durch andere Laute, z. B. „a" oder „i". Dann heißt das Wort: P**i**ffreisp**i**ffbohnenkartoffelp**i**fferbahn.

Solche Übungen dienen der Ausbildung der sprachsprecherischen Fähigkeiten der Kinder. Sie greifen vertraute Kinderversspiele auf, wie „Drei Chinesen mit dem Kontrabass …"

Das Sprachspiel kann von einzelnen Schülern oder als Gruppe vor der Klasse präsentiert werden. Dabei ist von den Zuschauern zu bewerten, wodurch die größte Wirkung beim Zuhören und Zuschauen erreicht wurde (zur Klassentür hereinkommen/Zuggeräusche einspielen/Bahnhofsleben einbeziehen, sprachsprecherisch sehr gelungen usw.). Für alle lese- und sprachsprecherischen Übungen sollte das Gedicht an der Tafel sichtbar sein und auf dem Platz jedes Schülers liegen.

Geübt werden auf diese Weise Fähigkeiten im Lesen langer Wörter und das sprachsprecherische Vermögen der Schüler, mit unterschiedlichen Mitteln die Aussage des Gedichts zu verstehen und auszudrücken. In diesem Prozess gewinnen sie auch Einsichten in das grammatische Wortbildungsprinzip des Deutschen, das mühelos solche Wortschlangen bilden kann. Zugleich werden Elemente des Präsentierens angebahnt, wenn einzelne Gruppen mit dem Schlangenwort vor der Klasse ihre Darstellung der „Puffreispuffbohnenkartoffelpufferbahn" vorstellen.

Sprechen und Gespräche zu Gedichten führen, verstehend zuhören

Eines der bekanntesten Sprachspielgedichte ist *ottos mops* von Ernst Jandl.

Jandl ging es in allen seinen Texten darum, über das Sprechen den Gehalt dessen, was er sagen wollte, zu verdeutlichen. Das Gedicht *ottos mops* ist ein kleines Meisterstück:

Es ist einerseits ein witziges Sprachspiel und andererseits ein Erzählgedicht mit balladesken Elementen in sich, denn es gibt drei Agierende: den Otto, den Mops und einen Erzähler. Der Otto ist die Hauptperson. Alles, was er sagt, hat Gewicht, worauf *Jandl* mit dem jeweiligen Doppelpunkt hinter „ottos" Rede hinweist (otto: fort mops fort).

Das ist eine Szenerie, die zum Spiel drängt.

Ernst Jandl

ottos mops

ottos mops trotzt
otto: fort mops fort
ottos mops hopst fort
otto: soso

otto holt koks
otto holt obst
otto horcht
otto: mops mops

ottos mops klopft
otto: komm mops komm
ottos mops kommt
ottos mops kotzt
otto: ogottogott
(Jandl in: Ottos Mops 2008, o. S.)

Im Gedicht *ottos mops* gelingt es Jandl, eine für Schüler einer dritten Klasse ansprechende, verständliche Szenerie aufzubauen: Ottos Mops trotzt. Er gehorcht nicht. Er wird fortgeschickt und hopst auch fort. Otto arbeitet inzwischen (holt Koks, Obst), aber er vermisst den Mops. Er horcht, wo der sein könnte und ruft nach ihm. Endlich kommt der Mops und – kotzt. Otto seufzt und stöhnt: „ogottogott".

Zur Realisierung der Bildungsstandards *Sprechen (sprachsprecherische Mittel einsetzen) und Zuhören* lassen sich Übungsmöglichkeiten für die Arbeit am Inhalt und an der Gestaltung des Gedichts wie folgt miteinander verbinden:

- Ersprechen des Sprachspiels (Gestus ersprechen: langsam sprechen, leise, laut fröhlich, traurig, usw.).

- Entscheiden, welche Sprechweise den einzelnen Strophen im Gedicht am nächsten kommt: die trotzige Situation in der ersten Strophe/die unruhige Situation in der zweiten Strophe/die Freude des Wiedersehens und das Entsetzen, wenn der Mops „kotzt".
- Ersetzen des Vokals „o" durch Einsetzen anderer Vokale (a, i usw.), was die sprachsprecherische Auseinandersetzung mit dem Gedicht fördert.
- Über das sprachsprecherische Gestalten des Gedichts – auch schon vor der Klasse, in Gruppen – entdecken und verdeutlichen, dass in dem Gedicht drei Figuren miteinander agieren: Otto, ein Erzähler, der agierende, aber nicht sprechende, nur einmal klopfende Mops.
- Vorlesen mit verteilten Rollen und szenisches Lesen vor der Klasse.
- Ausdenken und Erproben einer Spielidee in Gruppen.
- Inszenieren und präsentieren der Spielidee vor der Klasse (als Gruppenarbeit).
- Begutachtung durch eine Jury.

Fähigkeiten im Sprechen und Zuhören, die erreicht und abgeprüft werden sollten:
- Das dem Gedicht angemessene Sprechen wird im **Sprachgestus** verdeutlicht, indem das jeweilige Gedicht laut oder leise/schnell oder langsam/fröhlich oder traurig/geheimnisvoll oder offen/zärtlich oder wütend gesprochen wird.
- Der Sprachgestus wird unterstützt durch den Einsatz **sprachsprecherischer Mittel**, wie Stimmführung, Lautstärke, Tempo/Tempowechsel, Mimik, Gestik (vgl. S. 59 f., 64 f.) und Körperhaltung.
- Der Zuhörer wird beim Vortrag mitgedacht. Er wird angesprochen durch Blickkontakt und mittels sprachsprecherischer Elemente des Vortrags.
- Der Zuhörer wird zur Bewertung des Vortrags herangezogen.

❖ **Bildungsstandard: Gedichte erschließen**

Schreiben des ‚Zwischentextes' in szenischen Gedichten

Das Inszenieren von Gedichten wird an verschiedenen dafür geeigneten Gedichten (Balladen, Erzählgedichte, Gedichte mit szenischen Elementen ähnlich ERNST JANDLS *ottos mops*) gezeigt, und Wege zur szenischen Umsetzung werden angeboten (vgl. S. 65 ff.). Das Inszenieren von Gedichten ist immer zugleich eine Möglichkeit der Interpretation des Gedichtes.

Es wird dabei verdeutlicht, dass das Inszenieren im Unterricht wie in der Umsetzung eines Dramas auf der Bühne verschiedene Ebenen der Annäherung an den Text durchläuft. Deshalb sollte es in Stufen entwickelt werden, die zur Aufführung hinführen können (im Theater auch dorthin führen). Die einzelnen Stufen besitzen bezogen auf die leistungsspezifischen Anforderungen an die Lesekompetenz der Schüler im Umgang mit Gedichten auch einen eigenen Wert, wie die nachfolgende Anordnung verdeutlichen will:

- Lesen mit verteilten Rollen als Verstehen der einzelnen Figuren im Gedicht und szenisches Lesen (auch vor der Klasse, auf einer Bühne), wobei Mimik und Gestik eingesetzt werden, um die Aussage des Gedichts zu verdeutlichen (vgl. S. 65 ff.).
- Das Nichtgesagte, aber Gemeinte, das Zwischen-den-Zeilen-Stehende der einzelnen Figuren herausfinden und aufschreiben.
- Auswendigsprechen der einzelnen Figuren im Gedicht und Agieren in Aktion und Reaktion, um das Gesagte und das Nichtgesagte zu verdeutlichen, dazu Einsatz von Bewegung, auch Pantomime oder Tanz (vor der Klasse, auf einer Bühne) (vgl. S. 73 f.).
- Das Zeigen verschiedener Haltungen gegenüber einer Figur, was zunächst auch pantomimisch erfolgen kann.
- Das Verdoppeln einer Figur, indem ein Sprecher das von der Figur Gesagte, hinter ihr stehend, kommentiert.
- Die Inszenierung des Gedichts auf der Bühne (Einsatz von Bühnenbild, Kostümen, Einsatz elektronischer und anderer Medien, wie Musik, Geräusche, Lichtinstallationen usw.) (Vgl. S. 74 ff.).

Jeder szenische/dramatische Text lebt vom Dialog, von der Aktion und der darauffolgenden Reaktion der Kontrahenten. Sie sind es, die uns als Zuschauer am Geschehen teilhaben lassen.

Um das Dramatische (auch Komische) des Textgeschehens auf der Bühne darstellen zu können, ist der Text sowohl in seiner Oberflächen- als auch seiner Tiefenstruktur zu erfassen. Dabei ist das ‚Zwischen-den-Zeilen-Stehende', der Subtext, nach Goethe die „zweite Natur", durch das Spiel sichtbar zu machen.

Dem Darsteller auf der Bühne stehen dabei zur Verdeutlichung dessen, was gemeint, aber nicht direkt im Text gesagt wird, verschiedene Mittel zur Verfügung: der gesamte Bühnenraum, die Auf- und Abgänge der Kontrahenten, Mimik und Gestik, der Rhythmus seiner Sprache, in modernen Inszenierungen Musik, Lichtinstallationen usw.

Brecht erweiterte dieses Spektrum durch den Gedanken des Gestischen. Der Darsteller erreichte das Gestische, indem er

Bildungsstandards im Umgang mit Gedichten

„(…) auf die Haltungen achtet, die den Sätzen zu Grunde liegen:
Er brachte nur Haltungen in Sätze und ließ durch die Sätze immer Haltungen durchscheinen. Eine solche Sprache nannte er gestisch, weil sie nur ein Ausdruck für die Gesten der Menschen war."

(BRECHT 1995, Bd. 18, S. 78 f.)

Um mit Schülern ein Gedicht zu inszenieren, sollten dem Spielen intensive Sprechproben im Lesen mit verteilten Rollen sowie im szenischen Lesen, verbunden mit Gesprächen, das Erproben von Körperhaltungen, von Mimik und Gestik vorausgehen. Auf diese Weise wird der Untertext herausgearbeitet, werden die unterschiedlichen Haltungen gefunden, um die Aussage eines Stückes dem Zuschauer zu verdeutlichen.

Bei der Arbeit am Gedicht lernen die Schüler, zwischen den Zeilen zu lesen, das Gemeinte, aber Nichtgesagte herauszufinden. Das kann auch aufgeschrieben werden.

Diese Vorform zur Inszenierung eines Gedichts ist eine sehr effektive Arbeit zum Verstehen des Textes, aber in der Grundschule eher selten anzutreffen, obwohl es dafür geeignete Gedichte gibt (Vgl. S. 68 ff.) wie das von REINER KUNZE.

REINER KUNZE

Die Sonntagmorgenmeise

Die Meise hat aufs Dach gepickt.
So?
Die Meise hat mich wachgepickt.
Und dann?
Dann habe ich mich wachgeblickt.
Und nun?
Nun bin ich hier.
Was wirst du tun?
Darf ich ins Bett zu dir?
(KUNZE 1991, S. 27)

KUNZES Text lebt von dem, was, und von dem, was nicht gesagt wird. Es läuft ein Geschehen an der Oberfläche ab, das die Schüler sich gut vorstellen können, weil sie es selbst erfahren haben: Die Eltern/die Mutter/der Vater (KUNZE benennt den Schläfer nicht) wollen noch schlafen, aber das Kind (auch das ist nur eine Vermutung und bleibt offen) ist schon wach und möchte zu den Eltern ins Bett. Die Kinder wissen aber, dass das nicht so gern gesehen wird. Deshalb müssen sie sich etwas ausdenken, das glaubhaft einen Grund für das Wecken offeriert. Hinter diesem gesuchten

Grund – im Gedicht nutzt der Sprechende eine Meise, die ihn geweckt haben soll – verbirgt sich der Wunsch nach der Nähe zu den Eltern. Das kann man aber nicht so direkt sagen, deshalb verpackt das Kind ihn. Das weiß der ‚Schläfer' natürlich auch. Das Verbergen unterschiedlichster Gefühle und Gedanken in diesem Gedicht gehört zum Gemeinten, aber Nichtgesagten.

KUNZE nutzt für diesen Vorgang ein Zwiegespräch (zwei Personen agieren), in dem das Kind etwas sagt, was den direkten Wunsch verbrämt. Die bei KUNZE nicht genau benannte Person, die beim Schlafen gestört wird, reagiert auf das Gesagte einsilbig bzw. in kurzen Fragesätzen. Das Kind hat sich etwas ausgedacht, die Meise, von der es gestört wurde, um nun seinerseits das Stören der Eltern/des Vaters usw. zu begründen. Das ist das Gesagte, aber nicht das, was das Kind meint, denkt. Das Gemeinte, das über den Sprachgestus mit ausgedrückt werden soll bzw. im Spiel ist, könnte dem Text wie folgt unterlegt werden:

Das Kind/der *Wecker* sagt: „Die Meise hat aufs Dach gepickt." Es meint aber z.B.: Ich bin schon so lange wach, aber ihr schlaft noch./Mich hat eben die Meise wachgemacht./Ich bin nicht schuld, wenn ich so früh wach bin usw.

Der *Schläfer* sagt: „So?" Er denkt aber: Ach nicht schon wieder so früh wecken!/Heute ist Sonntag, lass mich ausschlafen! Ach, was hat er sich da ausgedacht? Usf.

Das Gedachte, aber Nichtgesagte ist gut geeignet, das Verstehen des Gedichtes abzuprüfen. Zudem entlässt das Gedicht von REINER KUNZE den Leser mit einem offenen Schluss. Den darf sich der Leser selbst ausdenken und dem Gedicht hinzufügen.

Das Gedicht wird nachfolgend für ein Übungsbeispiel aufgeschlüsselt in die beiden Sprechenden, die als Hilfestellung für den Schüler bezeichnet werden als *Der Wecker* und *Der Schläfer* (im Prozess der Arbeit am Gedicht könnten auch andere Bezeichnungen gefunden werden). Die Lücken sind vom Schüler im Text auszufüllen. Das Ganze kann als Arbeitsblatt genutzt werden.

Bevor eine solche Übung schriftlich erfolgt, sollte das Gedicht mit den Schülern erarbeitet worden (vgl. S.68 f.) bzw. sie müssten mit dieser Aufgabenform vertraut sein.

Für den *Bildungsstandard des Inszenierens* zeigt die Übung, dass sich in szenischen Texten wie im Drama Kontrahenten (hier sind es zwei) gegenüberstehen und unterschiedliche Haltungen zu- und gegeneinander einnehmen. Deutlich wird, dass hinter dem Gesagten noch eine tiefere Schicht, das Gemeinte sich verbirgt, das in einer Inszenierung mittels gestischem Sprechen, dem Einsatz von Mimik und Intonation usw. zum Ausdruck gebracht werden kann.

Was denken der ‚Schläfer' und der ‚Wecker', sagen es aber nicht?

Lies das Gedicht von REINER KUNZE. Sprich es vor dich hin. Stell dir die Situation am
Morgen vor.

REINER KUNZE

Die Sonntagmorgenmeise

Die Meise hat aufs Dach gepickt.

So?

Die Meise hat mich wachgepickt.

Und dann?

Dann habe ich mich wachgeblickt.

Und nun?

Nun bin ich hier.

Was wirst du tun?

Darf ich ins Bett zu dir?

(KUNZE 1991, S. 27)

Nicht gesagt, aber im Stillen gedacht!

Das Gedicht von REINER KUNZE *Die Sonntagmorgenmeise* ist im Schriftbild verändert
worden. Zwei Personen sprechen miteinander. Sie sagen aber nicht alles, was sie
denken. Überlege, wer der *Wecker* und wer der *Schläfer* sein könnte. Schreibe auf,
was sie nicht sagen, aber vielleicht denken.

REINER KUNZE

Die Sonntagmorgenmeise

W: Die Meise hat aufs Dach gepickt.   _____

S: So?   _____

W: Die Meise hat mich wachgepickt.   _____

S: Und dann?   _____

W: Dann habe ich mich wachgeblickt.   _____

S: Und nun?   _____

W: Nun bin ich hier.   _____

S: Was wirst du tun?   _____

W: Darf ich ins Bett zu dir?   _____

W = Der Wecker, **S** = Der Schläfer

Schreibe hier auf, was der Schläfer am Schluss des Gedichtes sagen wird.

_____

Sensibilität und Verständnis für die Gedanken des Dichters und für das Dargestellte entwickeln

Dem österreichischen Dichter ERNST JANDL ging es bei seinen Gedichten auch darum, das Sprechen und Zuhören zu lernen. Dabei entlockt man dem Gedicht die Gedanken und kann eigene dazutun. JANDL nutzte dafür die Form der *Konkreten Poesie* (S. 84 ff.) und bei dem folgenden Gedicht die Form der *Konstellation*. *Konstellation* hat etwas mit einem Sternbild zu tun, was sich im Namen *Stella*-Stern verbirgt und was optisch auf den ersten Blick einem Sternbild ähnelt.

ERNST JANDL

st
   und
      en
st
   und
      en
st
   und
      en
st
   und
      en

(JANDL in: Gomringer 1972, S. 157)

Eine *Konstellation*, so sagt EUGEN GOMRINGER (1972, S. 157), der sich mit der *Konkreten Poesie* besonders beschäftigte, sei

> „die einfachste gestaltungsmöglichkeit der auf dem wort beruhenden dichtung. sie umfasst eine gruppe von worten – wie sie eine gruppe von sternen umfasst und zum sternbild wird.
> in ihr sind … zwei, drei oder mehr neben- oder untereinandergesetzt worten – es werden nicht zu viele sein – eine gedanklich-stoffliche beziehung gegeben und das ist alles!"

Das auf den ersten Blick für die Schüler etwas befremdliche Gebilde der untereinander in einer bestimmten Ordnung dargestellten Buchstaben, die einem Wort „eine gedanklich-stoffliche beziehung" (ebd.) geben, muss erst gefunden werden. Es bereitet Schülern aber Vergnügen, wenn sie zunächst das Schriftbild deuten und über das Klangbild (S. 16 f.) die Bedeutung erschließen.

Die Arbeit an dieser ungewöhnlichen lyrischen Form erweitert die Kenntnis an Lyrik (vgl. Bildungsstandard *Erschließen von Texten*). In diesem Prozess der Auseinandersetzung soll *Sensibilität und Verständnis* für die Gedanken des Dichters und für das Dargestellte entwickelt werden. Über das Sprechen und Gespräche zu diesem Gedicht wird deutlich, inwieweit die Schüler mit Sprachmustern umgehen können. Das vor allem dann, wenn sie selbst eine *Konstellation* entwerfen, die interpretiert werden sollte.

Möglichkeiten des Erschließens der *Konstellation* von Jandl:

- Die Schüler versuchen selbstständig über das ‚Vor sich Hinsprechen‘ die *Konstellation* zu erfassen.
  Das könnten zunächst auch die einzelnen Sprechsilben sein, die Jandl untereinander angeordnet hat. Sie werden intonierend gesprochen, also leise das „st (scht)“, dann etwas lauter oder laut das „und“, wieder abschwächend das „en“ oder umgekehrt. Das Ganze in der vierfachen Wiederholung.
- Anschließend wird das Wort „stunden“ erfasst und sprachsprecherisch, denkbar bis hin zum Rap, ausprobiert.
- Die Schüler versuchen, dem Wort eine inhaltliche Vorstellung zu geben und über das Sprechen diese zu verdeutlichen.
  Sie überlegen, warum Jandl für das Wort „stunden“ eine Aufgliederung in „st/ und /en“ vorgenommen hat, warum er der grammatikalischen Regel widersteht (Stund – en oder Stund-den).
- Sie stellen den Bezug zum Autor her und fragen sich, weshalb er das Wort in der Gestalt einer *Konstellation* angeordnet hat und was sich hinter dem Wortsinn, zwischen Schriftbild und Klangbild bei Jandl verbirgt (Stunden, die vergehen, die beim Menschen abnehmen, die langsam nach unten führen u. Ä.).
  Das Wort „stunden“ trägt eine besondere Wertigkeit in sich. Man denke z. B. an das ‚Stundenglas‘, die ‚Stundenuhr‘, die „Gestundete Zeit“ (Ingeborg Bachmann).
- Die Schüler sprechen darüber, was das Wort „stunden“ für sie bedeutet (welche ‚Stunden‘ sie mögen, welche nicht/was sich hinter dem Wort ‚Stunden‘ alles verbergen kann usw.).
- Sie versuchen selbst, eine Konstellation zu entwerfen bzw. einem Sternbild, z. B. *Großer Wagen, Kleiner Wagen,* ein Wort zu unterlegen (das Sternbild kann aus dem Internet heruntergeladen oder einem Sachbuch entnommen werden).

- Während der Diskussion zu JANDLS Gedicht sollte als Beleg einzelner Meinungen immer das Wort als Begründung der Aussage gesprochen werden.

Abschließend kann die Konstellation mittels sprachsprecherischer Übungen *präsentiert* (Bildungsstandard) werden, die die eigene gefundene Bedeutung zu JANDLS *Konstellation* verdeutlicht.

Dabei wäre es von Vorteil, die Schüler sowohl einzeln als auch als Gruppe agieren zu lassen. Zunächst sollte jeder und jede Gruppe herausfinden und diskutieren, was für „Stunden" sie meinen (fröhliche, langweilige, gruselige, traurige usw.), wenn sie die *Konstellation* sprechen. Die Sprechenden sollten ausprobieren, wie sie ihre Mitschüler am besten zum Zuhören bringen können.

Da JANDL sein bedeutungstragendes Wort „stunden" in der *Konstellation* vierfach darstellt, tritt durch das wiederholte Sprechen der unterlegte Gedanke des Dichters wie der von den Schülern unterlegte Sinn deutlich hervor. Er kann mimisch und gestisch verstärkt werden.

Gedichte genau lesen, um die Aussage eines Gedichtes zu erschließen

Alle bisherigen Übungen zum sprachsprecherischen Gestalten von Gedichten dienten dem *Erschließen von Gedichten*. Der Terminus „Erschließen" ist nicht unwidersprochen, aber er deutet auf einen ‚Schlüssel' hin, den man braucht, um ein Gedicht in seiner Besonderheit, Einzigartigkeit und für sich selbst zu verstehen, die Tür zum Gedicht aufzuschließen und zu entdecken, was das Gedicht mit einem macht. Das Erschließen von Gedichten, das Verstehen des Gehalts eines Gedichts in der Einheit von Inhalt und Form ist das wichtigste Ziel des Lese- und Literaturunterrichts (Bildungsstandard).

Im Gedicht steht kein Wort zufällig. Auch seine Stellung im Textgefüge ist wichtig. Dichter werfen ganze Wortnetze aus, um dem Leser auf engem Raum etwas Wichtiges zu sagen.

Die nachfolgend hier abgedruckten Gedichte von WITTKAMP (S. 94) und von HOFFMANN VON FALLERSLEBEN (S. 97) sollen diesen Prozess der Arbeit am genauen Lesen und Verstehen zeigen. Die Übungen lassen sich auch auf andere Gedichte übertragen: JOSEF GUGGENMOS: Wem tut kein Zahn weh? (S. 99)/PETER HACKS: Der blaue Hund (S. 95)/JÜRGEN SPOHN: Küsschen (S. 91)/FRANZ FÜHMANN: Lob des Ungehorsams (S. 51).

Die beiden Arbeitsblätter können als Leistungstest genutzt werden.

Die Lücken schließen, um das Gedicht zu verstehen

FRANZ WITTKAMP

Als die Prinzessin den Ring verlor,

las ihr der _ _ _ _ _ das Märchenbuch vor,

und auf der vorletzten Seite stand,

wie die _ _ _ _ _ _ _ _ _ _ ihn wiederfand.

Aufgaben
- Lies den Vers von Wittkamp durch.
- Überlege, worum es in diesem Text gehen könnte.
- Suche die Wörter, die die Lücken schließen.
- Füge die gefundenen Wörter in den Text ein.

Schreibe einen Satz darüber auf, wie der Ring gefunden worden ist.

_____

_____

_____

_____

_____

Zusatzaufgabe
Welche Wörter im Gedicht erinnern dich an ein Märchen?
Schreibe sie hier auf.

_____

_____

_____

_____

_____

_____

_____

Lösungswörter: nisseznirP/znirP

Lesen und das Rätsel lösen

HEINRICH HOFFMANN VON FALLERSLEBEN

Rätsel

Ein Männlein steht im Walde
Ganz still und stumm;
Es hat von lauter Purpur
Ein Mäntlein um.
Sagt, wer mag das Männlein sein,
Das da steht im Wald allein
Mit dem purpurroten Mäntelein?

Das Männlein steht im Walde
Auf einem Bein
Und hat auf seinem Haupte
Schwarz Käpplein klein.
Sagt, wer mag das Männlein sein,
Das da steht im Wald allein
Mit dem kleinen schwarzen Käppelein?

Das Männlein dort auf einem Bein,
Mit seinem roten Mäntelein
Und seinem schwarzen Käppelein,
Kann nur die … sein!

Aufgaben
- Lies das Gedicht mehrmals und achte dabei darauf, was das Männlein anhat.
- Schreibe die Wörter über die Bekleidung des Männleins heraus. Sie helfen, das Rätsel zu lösen.
- Lies die Strophe mit dem fehlenden Wort vor.
- Finde das Lösungswort.

Schreibe die Kleidung des Männleins auf.

_____

_____

Schreibe das Rätselwort auf.

_____

_____

Lösungswort: ettubegaH

Unterschiede und Gemeinsamkeiten von Gedichten herausfinden

Eine der wesentlichen Anforderungen im Kontext des Bildungsstandards „Lesen" im Umgang mit literarischen Texten ist das **Erschließen von Texten, darunter von Gedichten.** Der von der KMK angesprochene handlungsorientierte Unterricht war auch von Anfang an Leitlinie dieses Buches. So finden sich im Verlauf des Buches Angebote für das Erschließen von Texten: Die Schüler können sich Gedichte lesend, sprechend, selbst singend, sie inszenierend, selber reimend, Verse selber schreibend u.ä. aneignen (vgl. S. 23 ff.). Das ist ein vielfach erprobter Weg, sich Gedichte zu eigen zu machen, die Gedichte aufzuschließen, zu verstehen und herauszufinden, was Gedichte einem selbst und anderen zu sagen haben.

Mit diesem handelnden Umgang, der verschiedene Zugangsweisen öffnet und damit auch unterschiedliche Schüler in ihrem Leistungsvermögen anspricht – und nicht auf einen einzigen Weg der Aneignung eines Gedichts verpflichtet –, lernen die Schüler unterschiedlichste Gedichte und deren Machart sowie die Dichter kennen. BRECHT (1965, S. 74) selbst forderte die Kinder dazu auf, sich mit einem Gedicht „ein bisschen auf(zu)halten, (um) manchmal erst heraus(zu)finden, was schön daran ist". Und man darf nach der Meinung des Dichters ein Gedicht auch „zerpflücken", denn: Eine Rose ist schön im Ganzen, aber auch jedes ihrer Blätter ist schön (ebd., S. 75).

In dem vielfältigen Prozess der Auseinandersetzung mit Gedichten erwerben die Schüler Fähigkeiten, die auf andere Texte übertragbar sind:
*   Die Schüler lernen unterschiedliche lyrische Formen kennen und verstehen.
    *   Sie verdeutlichen die Aussage eines Gedichts, indem sie ihre Haltung dazu im Sprechen, im Vortrag, in einer Inszenierung ausdrücken (hier überprüfen, ob sie das Gedicht engagiert/gelangweilt/abgelenkt/gestisch sehr gut präsentieren). (Vgl. A. LÖSENER 2007, S. 107)
    *   Sie lernen textangemessen zu sprechen.
*   Sie nutzen Mittel zum Erschließen eines Gedichts, wie
    *   wiederholtes Lesen zum Verstehen,
    *   das Auffinden von Schlüsselwörtern,
    *   das Heraussuchen besonders schöner sprachlicher Wendungen,
    *   das Entdecken des lyrischen Ich durch das In-Beziehung-Setzen wichtiger Aussagen im Gedicht zueinander und zwischen Text und Überschrift,
    *   das Herausfinden einzelner Formmerkmale.

- Sie schreiben selbst Texte
  - in Bezug zu Gedichten und wenden entsprechende sprachliche Mittel an,
  - sie üben sich in lyrischen Vorformen,
  - sie schreiben Gegentexte zu Gedichten.
- Die Schüler präsentieren und inszenieren Gedichte
  - über Lesen mit verteilten Rollen;
  - szenisches Lesen usw. und verdeutlichen dabei die Aussage des Textes und die eigene Haltung dazu.

Das erworbene Basiswissen über das Wesen eines Gedichts und die Wege zum Gedicht dürfen als „Regelwissen" abgefragt werden, wie die nachfolgenden Beispiele zu den Gedichten von BUSTA (Jo-Jo Lesebuch 3, 2006), von RATHENOW (vgl. S.92), von GROSZ (in: Katze im Sack 1985, S.14) und von MÖRIKE (Jo-Jo Lesebuch 4, 2006, S.115) zeigen möchten.

Diese Arbeitsblätter (vgl. Jo-Jo Lesebuch 3, 2006, S.186f. und Jo-Jo Lesebuch 4, 2006, S.192) können zur Erarbeitung anderer Gedichte vom Schüler genutzt werden.

Regeln zum Umgang mit Gedichten (1)

✦ Gedichte solltest du zuerst **anschauen und lesen**.
✦ Die Überschrift *Der Sommer* deutet dir an, wovon das Gedicht erzählen will.
✦ Überprüfe, ob das Gedicht sein Sommerversprechen hält.

<u>Du entdeckst</u>: Gedichte sind kürzer als viele andere Texte.

Gedichte haben ein besonderes **Schriftbild**.
Sie sind in **Strophen** aufgeteilt.

CHRISTINE BUSTA
Der Sommer

1. Strophe
Er trägt einen Bienenkorb als <u>Hut</u>,
blau weht sein Mantel aus Himmels*seide*,
die roten Füchse im gelben *Getreide*
kennen ihn <u>gut</u>.

2. Strophe
Sein Bart <u>ist</u> voll Grillen. Die seltsamen <u>Mären</u>
summt er der Sonne vor, weil sie's *mag*,
und sie kocht ihm dafür jeden *Tag*
Honig und <u>Beeren</u>.

<u>Du entdeckst</u>: Das Gedicht *Der Sommer* hat 2 Strophen.

Die einzelnen Zeilen im Gedicht heißen **Verse**.
„Er trägt einen Bienenkorb als Hut",
oder
„blau weht sein Mantel aus Himmelsseide"

✦ Gedichte solltest du **sprechen**: laut oder leise, zärtlich oder traurig, schreiend oder flüsternd. Du hörst dann den **Reim** und den **Rhythmus** heraus und das, was das Gedicht dir sagen will.

Gedichte haben ein **Klangbild**.

<u>Du entdeckst</u>, wie das *Sommer*-Gedicht klingt. Sprich es so.

Gedichte haben unterschiedliche **Reimmuster**.

<u>Du entdeckst</u>: Im *Sommer*-Gedicht reimen sich das 1. und das 4. und das 2. und das 3. Wort am Ende der Verszeile (achte auf die unterschiedlichen Unterstreichungen).

Dieses Reimmuster heißt **umschlungener Reim (abba)**.

✦ Wenn du ein Reimwort gelesen oder gesprochen hast, kannst du das dazu passende Reimwort schon aus dem Kopf sagen. Reime helfen beim Auswendiglernen.

Regeln zum Umgang mit Gedichten (2)

1. Hier kannst du kurze Gedichte mit verschiedenen **Reimmustern** (unterschiedlich hervorgehoben) lesen oder sprechen.
2. Suche diese Reimmuster in Gedichten deines Lesebuchs. Später wirst du noch weitere kennen lernen, darunter auch ungereimte Gedichte.

LUTZ RATHENOW
Schnupfen
Die Viren – sie wandern:
Von einem zum andern.
Sie keuchen und *prusten*:
Der Schnupfen muss *husten*.

Reimmuster: Paarreim **a a b b** (Es reimen sich die aufeinanderfolgenden Wörter am Ende des Verses)

CHRISTIANE GROSZ
Ich schenke dir
Ich schenke dir Martha, mein Lama.
Da hast du großes *Glück*!
Spuckt es dich an, mach kein Drama –
Spuck einfach *zurück*!

Reimmuster: Kreuzreim **a b a b** (reimt über Kreuz)

3. **Gedichte sprechen in Bildern und in Vergleichen** zu uns und erzählen uns von der Welt und auch von dir. Dazu hat der Dichter einen Betrachter im Gedicht eingesetzt, genannt das **lyrische Ich**.
Überlege, wo in Mörikes Gedicht das lyrische Ich stehen könnte, damit es den Frühling sehen kann (auf einem Berg, Turm …)?

EDUARD MÖRIKE
Er ist's
Frühling lässt sein blaues Band
wieder flattern durch die Lüfte.
Süße, wohlbekannte Düfte
streifen ahnungsvoll das Land.
Veilchen träumen schon,
wollen balde kommen.
Horch, von fern ein leiser Harfenton!
Frühling, ja du bist's!
Dich hab ich vernommen.

4. Suche im Gedicht Bilder und Vergleiche heraus, die dir besonders gut gefallen. Schreibe sie auf.

© Cornelsen Verlag Scriptor, Berlin • Umgang mit Gedichten

Wissenswertes über Autoren (Auswahl)

BORCHERS, ELISABETH
geb. 1926 in Homberg (Niederrhein); Lyrikerin, Erzählerin, Hörspiel- und Kinderbuchautorin, Übersetzerin und Herausgeberin; verlebte ihre Jugend im Elsass, arbeitete 1945–1954 als Dolmetscherin; seit 1961 als Lektorin für verschiedene Verlage tätig; wurde mit ihrem ersten Gedichtband (1961) bekannt; weitere Gedichtbände folgten 1967 und 1986; B. hat zahlreiche Kinderbücher geschrieben, herausgegeben und übersetzt, u. a. *Igelkinder* 1962, *Paul und Sarah* 1979, *Das Geburtstagsbuch für Kinder* 1982, *Gedichte aus Biafra* 1969, *Deutsche Gedichte. Von Hildegard von Bingen bis Ingeborg Bachmann* 1987.

BRAUN, VOLKER
geb. 1939 in Dresden; Lyriker, Dramatiker, Prosaautor, Essayist; nach dem Abitur Arbeiter in verschiedenen Berufen; studierte Philosophie in Leipzig, danach Dramaturg am Berliner Ensemble und am Deutschen Theater Berlin; sein Werk ist vom Verändernwollen der gesellschaftlichen Zustände geprägt, so seine Gedichtbände (u. a. *Provokation für mich* 1965, *Training des aufrechten Ganges* 1979), zahlreiche Dramen (u. a. *Die Kipper, Großer Frieden, Die Übergangsgesellschaft*) und Prosaarbeiten (u. a. *Das Mittagsmahl* 2007); Braun schrieb auch – wie sein Vorbild Brecht – einige Gedichte für Kinder.

BRECHT, BERTOLT (eigentl. Eugen Berthold B.),
geb. 1898 in Augsburg, gest. 1956 in Berlin; Dramatiker, Lyriker, Erzähler, Theoretiker, Regisseur; Studium der Literatur, Philosophie und Medizin; seit 1921 endgültige Hinwendung zum Theater, Dramaturg und Regisseur in München, 1924 in Berlin; großer Erfolg mit seinem Stück *Dreigroschenoper*; muß 1933 ins Exil gehen über Prag, Wien, Zürich, Paris und Dänemark (Svendborger Gedichte), Schweden, die UdSSR nach den USA (1941); Rückkehr 1948 nach Berlin (Ost); 1949 mit seiner Frau Helene Weigel Begründer des Berliner Ensembles, verhalf seinen Stücken als Regisseur zur Weltgeltung; Brecht hat in seinem umfangreichen lyrischen Schaffen stets Gedichte für Kinder geschrieben: Mitte der 20er Jahre die *Kranlieder*, in der Emigration z. B. *Der Schneider von Ulm, Der Pflaumenbaum, Mein Bruder war ein Flieger, das Alfabet*; die *Neuen Kinderlieder* schrieb Brecht in den 50er Jahren, u. a. *Die Vögel warten im Winter vor dem Fenster, Kinderhymne*.

FÜHMANN, FRANZ
geb. 1922 in Rochlitz/Böhmen (heute Rokytnice, Tschechien), gest. 1984 in Berlin; Lyriker, Erzähler, Kinderbuch- und Hörspielautor, Nachdichter; wuchs in einer Atmosphäre von „Kleinbürgertum und sudetendeutschem Faschismus" auf; nach dem Abitur Soldat; 1942 erste Gedichtveröffentlichungen; bis 1949 sowjetische Kriegsgefangenschaft; seit 1950 in Berlin, später auch in Märkisch-Buchholz (DDR); intensive Auseinandersetzung mit dem NS-Regime und eigener Schuld, so in den Erzählungen *Kameraden* (1955), *Das Judenauto* (1962), *Zweiundzwanzig Tage oder Die Hälfte des Lebens* (1973); Mitte der 60er Jahre beispielhafte Neugestaltung großer Stoffe der Weltliteratur sowie Kinder- und Jugendliteratur: *Reineke Fuchs* 1964, *Das hölzerne Pferd* 1968, *Das Nibelungenlied* 1971, *Prometheus, Die Titanenschlacht* 1973; sprachliche Originalität und Fantasie dokumentiert auch das Spielbuch in Sachen Sprache: *Die dampfenden Hälse der Pferde im Turm von Babel* (1978/2005); Nachdichtung ungarischer und tschechischer Lyrik.

GUGGENMOS, JOSEF
geb. 1922 in Irsee/Krs. Ostallgäu; schrieb Lyrik (*Gugummer geht über den See*, 1957) und Erzählungen; vor allem bekannt durch seine eigenwillig-poetischen Kinderbücher: *Das kunterbunte Kinderbuch* (1962), *Was denkt die Maus am Donnerstag?* (1967), *Warum die Käuze große Augen machen* (1968), *Ein Elefant marschiert durchs Land* (1968), *Theater, Theater!* (1974), *Das Knie aus der Wand* (1975), *Es las ein Bär ein Buch im Bett* (1978), *Wenn Riesen niesen* (1980), *Es gingen drei Kinder durch den Wald* (1982), *Sonne, Mond und Luftballon* (1984); Guggenmos übersetzte auch Kinderbücher aus anderen Sprachen ins Deutsche.

HEINE, HEINRICH
geb. 1797 in Düsseldorf, gest. 1856 in Paris; Kaufmannslehre; Jurastudium in Bonn, Berlin, Göttingen bis zur Promotion 1825; 1825 Übertritt vom Judentum zur evangelischen Kirche („Der Taufzettel ist das Entreebillet zur europäischen Kultur"); Versuche zur unabhängigen Existenzgründung misslingen; 1831 Übersiedlung nach Paris, Verbot seiner Schriften 1835 durch den Deutschen Bundestag; ständige finanzielle Schwierigkeiten veranlassen Heine 1836, eine Ehrenrente für deutsche politische Emigranten der französischen Regierung anzunehmen; seine Gedichtsammlung *Buch der Lieder* (1827) begründete seinen Ruhm (13 Auflagen zu seinen Lebzeiten!); Heines Dichtungen zeichnen ihn als Meister der volksliedhaft-einfachen lyrischen Form aus (z.B. *Ich weiß nicht, was soll es bedeuten*), sie geißeln auch in scharfer satirischer Form die deutschen Zustände (z.B.

Deutschland. Ein Wintermärchen, 1844); seine dichterischen, essayisti-
schen und publizistischen Werke zeigen ihn als revolutionären Demokra-
ten, als, wie er selbst sagt, einen „braven Soldaten im Befreiungskriege
der Menschheit"; zahlreiche Gedichte Heines sind „Volkslieder" geworden, die die Kinder heute lernen und singen (z. B. *Leise zieht durch mein
Gemüt, liebliches Geläute* ...).

KaNDL, ERNST
geb. 1925 Wien, gest. 2000 in Wien; Studium der Anglistik und Germanistik; viele Jahre als Lehrer an Gymnasien tätig; Jandl gehört zu den inter-
national bekanntesten Autoren der experimentellen Dichtung; schrieb
Hörspiele, Theaterstücke und mehr als 20 Gedichtbände vor allem mit visuellen Texten, Laut- und Sprech-Gedichten auch für Kinder (*Ottos Mops
hopst*); das Spiel mit der Sprache war für Jandl eine ernsthafte Auseinandersetzung mit den Alltagsproblemen seiner Zeit.

KALÉKO, MASCHA
geb. 1907 in Schidlow/Polen, gest. 1975 in Zürich; Lyrikerin; entstammt
einem jüdischen Elternhaus; kam 1918 als Kind nach Berlin, 1925 Ausbildung als Sekretärin, Büroarbeit für die Jüdische Gemeinde; veröffentlichte
ab 1930 erste Gedichte in Berliner Tageszeitungen; ihr erster Gedichtband
Das lyrische Stenogramm (1933) fiel der nationalsozialistischen Bücher-
verbrennung (10. Mai 1933) zum Opfer; 1938 Emigration in die USA; lebte
seit 1966 in Jerusalem; sie hat ihr „Heimweh" nach Berlin nie verwunden;
ihre Gedichte, meist witzig-melancholisch, spiegeln Alltagsprobleme der
Menschen; Kaléko schrieb auch Verse für Kinder, u. a. *Der Papagei, die
Mamagei und andere komische Tiere. Ein Versuch für verspielte Kinder
sämtlicher Jahrgänge* (1961).

KIRSCH, SARAH (geb. Bernstein, eigentl. Ingrid),
geb. 1936 in Limlingerode (Südharz); Lyrikerin, Prosa-, Hörspiel- und Kinderbuchautorin, Nachdichterin (Russisch, Englisch, Schwedisch); Studium
der Biologie in Halle und 1963/65 am Institut für Literatur „J. R. Becher"
in Leipzig; ab 1968 in Berlin (DDR), 1977 Übersiedlung in den Westteil der
Stadt, 1978 Reise nach Rom; seit 1983 in Tielenhemme (Schleswig-Hol-
stein); schon mit den Gedichtbänden *Landaufenthalt* (1967) und *Zauber-
sprüche* (1973) erwies sich Kirsch als eine große deutsche Lyrikerin; ebenso durch neue lyrische Produktionen (u. a. *Schneewärme*, 1989); Verfasserin
mehrerer Kinder- und Bilderbücher: *Caroline im Wassertropfen* (1975),
Ein Sommerregen (1978), *Wind* (1979), *Hans mein Igel* (1980, Bearbeitung
nach Brüder Grimm).

MORGENSTERN, CHRISTIAN
geb. 1871 in München, gest. 1914 in Meran; Besuch des Gymnasiums in
Breslau, Studium von Jura, Kunstgeschichte und Philosophie in Berlin;
tätig als Journalist, Dramaturg und Übersetzer (Ibsen); schweres Lungen-
leiden, häufige Reisen (Italien, Schweiz), schuf – neben weniger bekannten
ersten Gedichten – höchst originelle groteske Verse, die mit ihrem heiter-
ernsten Tief- und Widersinn Denk-, Lebens- und Existenzweisen seiner
Zeit widerspiegeln; seine grotesken Gedichte (*Galgenlieder* 1905, *Palm-
ström* 1910, *Palma Kunkel* 1916) bezeugen seinen scharfen Wirklichkeits-
sinn und seine Fantasie, die ebenso absurde wie symbolisch-hintergrün-
dige Bilder und Geschöpfe gebar; seine Gedichte werden von Kindern
auch heute noch gern gelesen.

MUCKE, DIETER
geb. 1936 in Leipzig;, 1954/57 Studium der Psychologie an der Universität
Leipzig, Exmatrikulation aus politischen Gründen; 1959/63 Studium an
der Hochschule für Grafik und Buchkunst Leipzig, Relegation aus politischen Gründen; Transportarbeiter, Beifahrer, Vermessungsgehilfe, Erzie-
her in einem „Heim für elternlose Kinder"; 1965 Studium am Literatur-
institut „J. R. Becher" in Leipzig, Exmatrikulation und Verhaftung; seit
1966 freiberuflicher Schriftsteller: Lyriker, Erzähler, Kinderbuchautor;
1987 Kunstpreis der Stadt Halle; 1991 Stadtschreiber der Stadt Halle.

SPOHN, JÜRGEN
geb. 1934, gest. 1992; Studium der Grafik an der Hochschule für bildende
Künste in Kassel; Professor für Grafik-Design an der Hochschule der Künste in Berlin; Autor zahlreicher Foto- und Bilderbücher sowie mehrerer
Gedicht- und Kurzprosabände für Kinder und Erwachsene (z.B. *Flausensausen*. Gedichte mit 10 Holzschnitten des Autors); für seinen Gedichtband *Drunter & Drüber* wurde er mit dem Deutschen Jugendliteraturpreis
ausgezeichnet.

VAHLE, FREDRIK
geb. 1942; studierte Germanistik und Politik; schreibt seit 1972 Kinderlieder; gibt Konzerte für und mit Kindern; veröffentlichte Bücher und Kasset-
ten mit Kinderliedern und Gedichten, u.a. *Das Anne Kaffeekanne Lieder-
buch, Der Himmel fiel aus allen Wolken*; über die Kindheit und Jugend des
spanischen Dichters Federico García Lorca veröffentlichte er das Buch
Federico oder Das Leben ist kein Hühnerspiel (1995) und führt junge Leser in das dichterische Schaffen und Werk Lorcas ein; einige Gedichte
García Lorcas übersetzte Vahle selbst.

Literatur

Ans Fenster kommt und seht ... Gedichte für Kinder, hrsg. von E. GEORGE/
R. HÄNSEL. Berlin, Kinderbuchverlag 1970

ARNDT, ERWIN: Deutsche Verslehre. Berlin, Volk und Wissen 1975

ARNIM, LUDWIG ACHIM/VON BRENTANO, CLEMENS: Des Knaben Wunderhorn,
hrsg. von H.-G. THALHEIM. Berlin, Rütten & Loening 1966

oder

Des Knaben Wunderhorn. Alte deutsche Lieder, gesammelt von L. A. von
Arnim und C. von Brentano, hrsg. von H. RÖLLECKE. Stuttgart, Kohl-
hammer 1975

Aus der Bücherkiste. Ein Lesespaß für Kinder von 7 Jahren an. Berlin,
Volk und Wissen 1991

Aus der Bücherkiste. Ein Lesespaß für Kinder von 8 Jahren an. Berlin,
Volk und Wissen 1991²

AUSLÄNDER, ROSE: Ich höre das Herz des Oleanders. Gedichte 1977–79,
Werkausgabe Bd. 5. Frankfurt am Main, S. Fischer 1984

BLÜTGHEN, VICTOR in: Ans Fenster kommt und seht ... Berlin, Kinderbuchverlag 1970

BORCHERS, ELISABETH/BLECH, DIETLINDE: Und oben schwimmt die Sonne
davon. München, Ellermann 1981

BORMANN, ALEXANDER VON: Ordnung aus lauter Unordnungen. (Kinder)
Lyrik. Interpretation und Didaxe. In: JuLit (19) 2, hrsg. vom Arbeitskreis für Jugendliteratur, München 1993

BRAUN, VOLKER: Im Querschnitt – Gedichte, Prosa, Stücke, Aufsätze. Halle/
Leipzig, Mitteldeutscher Verlag 1978

oder

DERS.: Texte in zeitlicher Folge, Band 3. Halle/Leipzig, Mitteldeutscher
Verlag 1990

BRECHT, BERTOLT: Die Gedichte in einem Band. Frankfurt am Main, Suhrkamp 1981

DERS.: Ein Kinderbuch. Berlin, Kinderbuchverlag 1965/2006

DERS.: Über Lyrik. Frankfurt am Main, Suhrkamp 1964

DERS.: Über Lyrik. Berlin/Weimar, Aufbau 1969

oder

DERS.: Werke. Große kommentierte Berliner und Frankfurter Ausgabe,
hrsg. von Hecht/Knopf/Mittenzwei/Müller, Bd. 22, Teil 1/2. Bd. 18, Ber-
lin/Weimar/Frankfurt am Main, Aufbau/Suhrkamp 1993/1995

BREMERICH-VOS, ALBERT: Zu den Bildungsstandards im Fach Deutsch für
die Grundschule. In: Bildungsstandards für die Grundschule: Deutsch
konkret. Berlin: Cornelsen Scriptor 2008

BUERSCHAPER, MARGRET: Meerweit Moor. Marburg, Marburger Bogen-
drucke 1995, Folge 128

BUNK, HANS-DIETER: ABC-Projekte. Berlin, Cornelsen Scriptor 1996[2]

Die Bücherkiste. Lesebuch für das 3. Schuljahr. Berlin, Volk und Wissen
1991

Die Bücherkiste. Lesebuch für das 4. Schuljahr. Berlin, Volk und Wissen
1991

Die Rasselbande im Schlamassel. Kinderbuchverlag, Berlin 1983

DODERER, KLAUS (Hrsg.): Kinderlyrik. Lexikon der Kinder- und Jugendliteratur, Bd. 1. Weinheim/Basel, Beltz 1977

EICHENDORFF, JOSEPH VON: Eichendorffs Werke in einem Band. Berlin/Wei-
mar, Aufbau 1982

ENZENSBERGER, HANS MAGNUS: Allerleirauh. Viele schöne Kinderreime.
Frankfurt am Main, Suhrkamp 1961

FICHTNER, BERND: Metapher und Lerntätigkeit. Beitrag auf dem 2. Inter-
nationalen Kongress über Tätigkeitstheorie, Lahti 1990 (Maschinenmanuskript)

FISCHER, HELMUT in: Kinderlyrik zwischen Tradition und Moderne. Baltmannsweiler, Schneider 1996

FRIED, ERICH: Liebesgedichte. Wagenbach, Berlin 1979 (NA 1995)

FÜHMANN, FRANZ: Die dampfenden Hälse der Pferde im Turm von Babel.
Berlin, Kinderbuchverlag 1978

oder

DERS.: Frauenfeld, Huber 1981

DERS.: Hinstorff 2005

DERS.: Gedichte und Nachdichtungen. Rostock, Hinstorff 1978 und 1993

DERS.: Reineke Fuchs, neu erzählt von Franz Fühmann. Berlin, Kinderbuchverlag 1972[4]

oder

DERS.: Rostock, Hinstorff 1993

DERS.: Schlipperdibix und klapperdibax! Rostock, Hinstorff 1985

DERS.: Shakespeare-Märchen. Für Kinder erzählt von Franz Fühmann.
Berlin, Kinderbuchverlag 1969

oder

DERS.: Rostock, Hinstorff 1993/2007

GELBERG, HANS-JOACHIM (HRSG.): ALLER DINGS. Versuch, 25 Jahre einzu-
wickeln, Werkstattbuch. Weinheim/Basel, Beltz 1996

DERS.: Auf der Suche nach neuen Gedichten für Kinder. In: JuLit. Informationen (19) 2, hrsg. vom Arbeitskreis für Jugendliteratur, München
1993

DERS. (Hrsg.): Überall und neben dir. Gedichte für Kinder. Weinheim/Basel,
Beltz 1986

DERS. (Hrsg.): Wie man Berge versetzt. 6. Jahrbuch der Kinderliteratur. Weinheim/Basel, Beltz 1981

GOES, ALBRECHT: Freude am Gedicht. Zwölf Deutungen. Frankfurt am Main, S. Fischer 1952

GOETHE, JOHANN WOLFGANG: Poetische Werke. Bd. 1: Gedichte. Berlin/Weimar, Aufbau 1976 (Berliner Ausgabe)

oder

DERS.: Gedichte 1800–1832. Sämtliche Werke Bd. II. Frankfurt am Main, Deutscher Klassiker Verlag 1988

GOMRINGER, EUGEN: Worte sind Schatten. Die Konstellationen 1951–1968. Reinbek bei Hamburg, Rowohlt 1969

DERS. (Hrsg.): Konkrete Poesie. Deutschsprachige Autoren. Stuttgart, Reclam 1972

GROSZ, CHRISTIANE: Katze im Sack. Kinderbuchverlag 1985

DIES.: Mein Wasserschwein Sieglinde. Berlin, Kinderbuchverlag 1986

GUGGENMOS, JOSEF: Oh, Verzeihung sagte die Ameise. Weinheim/Basel, Beltz 1990

DERS.: Was denkt die Maus am Donnerstag? Recklinghausen, Georg Bitter 1967

HACKS, PETER: Der Flohmarkt. Gedichte für Kinder. Berlin, Eulenspiegel Verlag 2001

DERS.: Essais. Leipzig, Reclam 1983

HÄRTLING, PETER: Kiesel für Wiesel. In: Der bunte Hund. Nr.: 44. Weinheim, Beltz 1996

HEINE, HEINRICH: Werke und Briefe. Bd. 1: Gedichte. Berlin/Weimar, Aufbau 1980

oder

DERS.: Neue Gedichte. Bd. 2. Historisch-kritische Gesamtausgabe der Werke. Hamburg, Hoffmann und Campe 1983

HERDER, Gottfried: Stimmen der Völker in Liedern. Berlin, Verlag der Nation 1978

HOLTZ, ASTRID: Praktikumsbericht. Berlin, Technische Universität (Maschinenmanuskript) 1994

JANDL, ERNST: Ottos Mops. München; cbj. 2008

Jo-Jo Lesebuch 2. Berlin, Cornelsen 1994

Jo-Jo Lesebuch 3. Berlin, Cornelsen 1995/2006

Jo-Jo Lesebuch 4. Berlin, Cornelsen 1995/2006

JuLit. Informationen (19) 2, hrsg. vom Arbeitskreis für Jugendliteratur, München 1993

KALÉKO, MASCHA: Wie's auf dem Mond zugeht. Sigmaringen, Thorbecke 1982

Kinderlyrik zwischen Tradition und Moderne, hrsg. von K. FRANZ/H. GÄRT-
NER. Baltmannsweiler, Schneider 1996

KIRSCH, SARAH: Regenlied. In: Jo-Jo Lesebuch 3. Berlin, Cornelsen 1995
(© bei der Autorin)

KNÖRRICH, OTTO: Lexikon lyrischer Formen. Stuttgart, Kröner 1992

KÖLLER, WILHELM: Semiotik und Metapher. Stuttgart, Metzler 1975

Kreatives Schreiben, hrsg. von G. SCHULZ. Vechta, Hochschule 1996
(Maschinenmanuskript)

KRISTEVA, JULIA: Die Revolution der poetischen Sprache. Frankfurt am
Main, Suhrkamp 1978 (zit. nach von Bormann in: JuLit 1993)

KUNZE, REINER: Wohin der Schlaf sich schlafen legt. Gedichte für Kinder.
Frankfurt am Main, S. Fischer 1991

KURZ, GERHARD: Metapher, Allegorie, Symbol. Göttingen, Vandenhoeck &
Ruprecht 1988

LÖSENER, ANNE: Gedichte sprechen. Baltmannsweiler, Schneider 2007

MAAR, PAUL: Dann wird es wohl das Nashorn sein. Weinheim/Basel, Beltz
1988

MATTENKLOTT, GUNDEL: Gedichte sind gemalte Fensterscheiben. Lyrik für
Kinder heute. In: JuLit. Informationen (19) 2, hrsg. vom Arbeitskreis
für Jugendliteratur, München 1993

MECKEL, CHRISTOPH: Pferdefuß. Gedichte. Ravensburg, Otto Maier 1988

MORGENSTERN, CHRISTIAN: Ausgewählte Werke, hrsg. von K. Schuhmann.
Leipzig, Insel 1975
oder
DERS.: Jubiläumsausgabe in vier Bänden. Bd. I. München/Zürich, Piper
1979

MUCKE, DIETER: Freche Vögel. Berlin, Kinderbuchverlag 1977

NÖSTLINGER, CHRISTINE/BAUER, JUTTA: EIN UND ALLES. Ein Jahresbuch
mit Geschichten, Bildern, Texten, Sprüchen, Märchen und einem Tage-
buch-Roman. Weinheim/Basel, Beltz 1992

OTTENS, NADJA: Konkrete Poesie in der Grundschule. Hausarbeit im Rah-
men der Ersten staatlichen Prüfung für das Lehramt an Grund- und
Hauptschulen. Vechta, Hochschule (Maschinenmanuskript) 1996

RICŒUR, PAUL: Die lebendige Metapher. München, Fink 1986

RODARI, GIANNI: Grammatik der Phantasie. Leipzig, Reclam 1992

SCHAU, ALBRECHT: Szenisches Interpretieren. Stuttgart, Klett 1996

SCHMIEDER, DORIS/RÜCKERT, GERHARD: Kreativer Umgang mit Konkreter
Poesie. Freiburg im Breisgau, Herder 1977

SCHULZ, GUDRUN: Freche Vögel. In: Kinderlyrik zwischen Tradition und
Moderne, hrsg. von K. FRANZ/H. GÄRTNER, Baltmannsweiler, Schneider
1996

DIES.: Der Mond, er ist gestorben (García Lorca) – Kinder auf dem Weg zu metaphorischer Kompetenz. In: Kinderlyrik zwischen Tradition und Moderne, hrsg. von K. FRANZ/H. GÄRTNER, Baltmannsweiler, Schneider 1996

DIES.: Wie gehen Kinder mit Gedichten um? In: Grundschulunterricht. (42) 9. Berlin, Pädagogischer Zeitschriftenverlag 1995, S. 9–14

SPOHN, JÜRGEN: Das Schnepfen-Köfferchen. Stuttgart, Thienemann 1985

DERS.: Flausensausen. Gedichte. Ravensburg, Otto Maier 1989

VAHLE, FREDRIK: Federico oder Das Leben ist kein Hühnerspiel. Weinheim/Basel, Beltz 1995

DERS.: Komik – Körpergefühl und Be-Sinnung in der Kinderlyrik. In: JuLit (19) 2, hrsg. vom Arbeitskreis für Jugendliteratur, München 1993, S. 21–31

WALTER, ILSE (Hrsg.): Das Jahreszeiten-Reimebuch. Freiburg/Basel/Wien, Herder 1992

DIES. (Hrsg.): Kinderzeit im Festtagskleid. Freiburg/Basel/Wien, Herder 1993

WILPERT VON, GERO: Sachwörterbuch der Literatur. Stuttgart, Kröner 1989

Hinweis an die Leser

Seitenverweise ohne nähere Quellenangaben beziehen sich auf das vorliegende Buch. Sie dienen der inhaltlichen Verzahnung der Aussagen und Beispiele.